江苏省高校哲学社会科学研究基金项目（编号：2016SJB790039）

经济管理学术文库·管理类

中国企业创新资助绩效评价研究

Performance Evaluation of Chinese Enterprise Innovation Subsidy

曹献飞／著

经济管理出版社
ECONOMY & MANAGEMENT PUBLISHING HOUSE

图书在版编目（CIP）数据

中国企业创新资助绩效评价研究/曹献飞著.—北京：经济管理出版社，2017.3
ISBN 978-7-5096-4950-3

Ⅰ.①中… Ⅱ.①曹… Ⅲ.①企业绩效—研究—中国 Ⅳ.①F279.23

中国版本图书馆CIP数据核字(2017)第031313号

组稿编辑：张巧梅
责任编辑：杨国强 张瑞军
责任印制：黄章平
责任校对：王淑卿

出版发行：经济管理出版社
（北京市海淀区北蜂窝8号中雅大厦A座11层 100038）
网 址：www.E-mp.com.cn
电 话：(010) 51915602
印 刷：虎彩印艺股份有限公司
经 销：新华书店
开 本：720mm×1000mm/16
印 张：11
字 数：210千字
版 次：2017年4月第1版 2017年4月第1次印刷
书 号：ISBN 978-7-5096-4950-3
定 价：68.00元

前　言

改革开放以来，我国经济取得了举世瞩目的成就，中国国内生产总值从1978年的3645.2亿元增长到2013年的568845.2亿元，30多年间增长了156.05倍，年均增长速度达到了15.52%，目前世界排名仅次于美国，居第二位。然而中国经济在高速增长的同时仍然呈现出“高投入、高消耗、高污染、低效益”的显著特征，近年来我国企业面临的生产成本、资源环境约束及国际市场竞争程度不断提升，这迫切需要我国企业加强技术创新以提升自身市场竞争力及改善宏观经济增长质量。

传统经济学认为，市场经济在自发运行过程中仅依赖自身调节作用就可以使社会中各种资源得到充分合理的利用，然而自由放任基础之上的市场经济因外部性、不完全竞争等原因并非一定能充分发挥调节作用以有效配置社会资源，由此产生了“市场失灵”问题。技术创新活动同样具有公共产品、外部性、不确定性及不完全信息等特征，表明企业技术创新也会存在“市场失灵”问题。“市场失灵”问题将导致创新投资者无法获得全部经济收益，如果将创新活动完全交由市场配置，由企业自主进行创新投资，就会导致经济发展中的创新投入低于社会整体最优水平。在这种情况下，如果政府对企业创新活动进行资助，就可以有效降低企业的创新成本和风险，缩小企业创新活动中社会收益与私人收益之间的差距，从而纠正企业技术创新中的“市场失灵”问题。尽管知识产权保护和企业合作研发也能在一定程度上通过内部化创新收益而促进企业技术创新，但企业仍然无法达到社会福利最大化时的创新水平，因而需要政府对企业技术创新进行资助。同时，企业创新一般需要投入大量资金，但企业在创新过程中会因信息不对称而面临严重的融资约束问题，政府资助作为扶持企业发展的重要手段，既可以直接缓解企业融资约束问题，又能通过“信号传递”作用而使企业获得更多外部融资，从而有效促进企业技术创新。

为了提升中国企业技术创新水平，我国政府自20世纪90年代以来相继提出了一些科教兴国的发展战略，随着这些战略的实施，中国国家财政科技支出呈现出逐年稳步上升的趋势，从 1990 年的 139.1 亿元增长到了 2012 年的 5600.1 亿元，20 多年间增长了 40.26 倍，年均增长速度达到了 18.29%。然而我国企业的技术创新情况却不容乐观，世界银行题为《中国：促进以企业为主体的创新》的报告中指出，在近 30 万家中国工业企业中，有 53% 的大型企业、86% 的中型企业及 96% 的小型企业在 2004～2006 年没有持续开展研发活动；本书所采用的企业微观数据也表明，中国工业企业在 2005～2007 年只有大约 10% 的企业进行了研发投资，且研发企业的研发强度仅有 1.2%，远远低于发达国家企业 4% 的研发强度水平。

针对这种现象，一个亟待研究的问题是我国各级政府持续而大量的政府资助能否促进企业技术创新？同时，我国各地区科技政策和经济发展水平存在显著差异，这些宏观因素又如何影响政府资助效果？假如政府资助确实能够促进企业技术创新，那么这种促进效应在不同类型企业中又呈现出怎样的差异性？上述问题的研究对促进我国企业技术创新及提升宏观经济增长质量具有重要的理论和政策意义。

在此背景下，本书分别在寡头垄断和垄断竞争条件下构建理论模型，分析了政府资助对企业技术创新的影响，模型推理结论均表明政府资助能促进企业技术创新，这为实证检验提供了理论指导。本书在对我国政府资助和企业技术创新进行详细事实描述的基础上，利用中国省级面板数据实证检验了政府资助对企业技术创新的影响，研究结果表明，我国政府资助确实能够纠正"市场失灵"问题，从而有效促进企业技术创新。由于我国政府资助效果存在着显著地区差异，因此本书同时采用门限回归模型考察了政府资助效果的门限特征，研究结果表明，政府资助效果与政府资助强度和金融市场效率之间均呈倒 U 型关系。这表明存在一个最优政府资助强度，过多或过少的政府资助均不利于企业技术创新，而金融发展能有效提升政府资助效果，发达的金融市场对政府资助会有一定替代作用，可以减轻企业创新对政府资助的依赖性；政府资助效果与人力资本和知识产权保护水平之间均呈正向关系，当人力资本和知识产权保护水平较低时，这种促进效应较小，而当人力资本和知识产权保护水平高于门限值时，这种促进效应会显著上升，说明人力资本、知识产权保护与政府资助是相互促进的。统计分析表明，我国的政府资助强度、金融市场效率、人力资本和知识产权保护水平仍然偏低，这均需要政府采取相应措施予以提升。

企业微观数据显示，我国政府资助和企业技术创新在不同类型企业中显著不平衡，由此本书进一步采用企业微观数据实证检验了政府资助对企业技术创新的影响。研究结果确认了政府资助企业技术创新的有效性，且政府资助效果在不同类型企业中呈现出明显的差异性。其中，政府资助对本土企业尤其是民营企业技术创新的促进效应大于外资企业，政府资助对中小型企业技术创新的促进效应大于大型企业，政府资助对资本和技术密集型企业技术创新的促进效应大于劳动密集型企业，政府资助对贸易企业尤其是一般贸易企业技术创新的促进效应大于非贸易企业。这些表明政府在资助企业技术创新时需要科学合理地选择企业资助对象，以提升政府资助效果。

目　录

第一章　导论 …………………………………………………………………… 1

第一节　研究背景及意义 …………………………………………………… 1
第二节　研究框架及方法 …………………………………………………… 3
第三节　可能的创新与不足 ………………………………………………… 6

第二章　文献综述 ……………………………………………………………… 9

第一节　技术创新的概念和度量 …………………………………………… 9
第二节　技术创新理论的发展 ……………………………………………… 12
第三节　企业技术创新的影响因素研究 …………………………………… 18
第四节　政府资助与企业技术创新关系的研究 …………………………… 27

第三章　政府资助与企业技术创新的理论分析 ……………………………… 34

第一节　技术创新的特征 …………………………………………………… 34
第二节　寡头垄断条件下政府资助与企业技术创新 ……………………… 40
第三节　垄断竞争条件下政府资助与企业技术创新 ……………………… 47

第四章　中国政府资助与企业技术创新的事实描述 ………………………… 51

第一节　中国政府科技资助现状分析 ……………………………………… 51
第二节　中国企业技术创新投入现状分析 ………………………………… 63
第三节　中国企业技术创新绩效分析 ……………………………………… 76

第五章　政府资助与企业技术创新
——基于中国省级面板数据的实证检验 ………………………………… 87

第一节　计量模型的构建 …………………………………………………… 87

第二节 数据描述与实证检验 …… 89
第三节 政府资助促进效应的门限特征分析 …… 100

第六章 政府资助与企业技术创新
——基于企业微观数据的实证检验 …… 112

第一节 中国政府资助与企业技术创新的微观描述 …… 112
第二节 政府资助影响企业技术创新的微观实证检验 …… 125
第三节 基于非参数估计方法的稳健性检验 …… 139

第七章 研究结论与政策建议 …… 147

第一节 研究结论 …… 147
第二节 政策建议 …… 153

参考文献 …… 157

第一章　导　论

第一节　研究背景及意义

改革开放以来，我国经济取得了举世瞩目的成就，中国国内生产总值从1978年的3645.2亿元增长到了2013年的568845.2亿元，30多年间增长了156.05倍，年均增长速度达到了15.52%，目前世界排名仅次于美国，居于第二位。然而中国经济在高速增长的同时仍然呈现出“高投入、高消耗、高污染、低效益”的显著特征。近年来，我国企业面临的生产成本、资源环境约束及国际市场竞争程度不断提升，这迫切需要我国企业加强技术创新以提升自身市场竞争力及改善宏观经济增长质量。

传统经济学认为，市场经济在自发运行过程中仅依赖自身调节作用就可以使得社会中各种资源得到充分合理的利用，然而自由放任基础之上的市场经济因外部性、不完全竞争等原因并非一定能充分发挥调节作用以有效配置社会资源，由此产生了“市场失灵”问题。技术创新活动同样具有公共产品、外部性、不确定性及不完全信息等特征，这表明企业技术创新中也会存在“市场失灵”问题。“市场失灵”问题会导致创新投资者无法获得全部经济收益，如果将创新活动完全交由市场配置，由企业自主进行创新投资，会导致经济发展中的创新投入低于社会整体最优水平。在这种情况下，如果政府对企业创新活动进行资助，就可以有效降低企业的创新成本和风险，缩小企业创新活动中社会收益与私人收益之间的差距，从而纠正企业技术创新中的“市场失灵”问题（Arrow，1962；Yager和Schmidt，1997；Jones和Williams，1998）。尽管知识产权保护和企业合作研发也能在一定程度上通过内部化创新收益促进企业技术创新，但企业仍然无法达到社会福利最大化时的创新水平，因而需要政府对企业技术创新进行资助（Arrow，

1962；D'Aspremont 和 Jacquemin，1988）。同时，企业创新一般需要投入大量资金，但企业在创新过程中会因信息不对称而面临严重的融资约束问题，政府资助作为扶持企业发展的重要手段，既可以直接缓解企业融资约束问题，又能通过信号传递作用而使企业获得更多外部融资，从而有效促进企业技术创新（Czarnitzki，2006；Kleer，2010）。

为了提高中国企业技术创新水平，我国政府自 20 世纪 90 年代以来相继提出了一些科教兴国的发展战略。中共中央和国务院于 1995 年联合发布的《加速科学技术进步的决定》中明确指出“科学技术是第一生产力，是经济和社会发展的首要推动力量，是国家强盛的决定性因素”，“科技投入是科技进步的必要条件，是实施科教兴国战略的基本保证，必须采取有力措施，调整投资结构，鼓励、引导全社会多渠道、多层次地增加科技投入”，“到 2000 年全社会研究开发经费占国内生产总值的比例达到 1.5%”。国务院于 2006 年发布的《国家中长期科学和技术发展规划纲要》中继而提出“充分发挥政府在投入中的引导作用，通过财政直接投入、税收优惠等多种财政投入方式，增强政府投入调动全社会科技资源配置的能力。国家财政投入主要用于支持市场机制不能有效解决的基础研究、前沿技术研究、社会公益研究、重大共性关键技术研究等公共科技活动，并引导企业和全社会的科技投入”，“通过多方面的努力，使我国全社会研究开发投入占国内生产总值的比例逐年提高，到 2010 年达到 2%，到 2020 年达到 2.5% 以上”。而我国 2007 年修订的《中华人民共和国科学技术进步法》则进一步提出“国家加大财政性资金投入，并制定产业、税收、金融、政府采购等政策，鼓励、引导社会资金投入，推动全社会科学技术研究开发经费持续稳定增长”。

随着这些发展战略的实施，中国国家财政科技支出呈现出逐年稳步上升的趋势，从 1990 年的 139.1 亿元增长到了 2012 年的 5600.1 亿元，在 20 多年间增长了 40.26 倍，年均增长速度达到了 18.29%。然而，我国企业的技术创新情况却不容乐观，世界银行题为《中国：促进以企业为主体的创新》的报告中指出，在近 30 万家中国工业企业中，有 53% 的大型企业、86% 的中型企业及 96% 的小型企业在 2004～2006 年没有持续开展研发活动；本书所采用的企业微观数据也表明，中国工业企业在 2005～2007 年只有大约 10% 的企业进行了研发投资，且研发强度仅有 1.2%，远远低于发达国家企业 4% 的研发强度水平。

针对这种现象，一个亟待研究的问题是我国各级政府持续而大量的政府资助能否促进企业技术创新？同时我国各地区科技政策和经济发展水平存在显著差异，这些宏观因素又会如何影响政府资助效果？假如政府资助确实能够促进企业技术创新，那么这种促进效应在不同类型企业中又呈现出怎样的差异性？上述问题的研究对促进我国企业技术创新及提升宏观经济增长质量具有重要的理论和政策意义。

第二节 研究框架及方法

一、本书的研究框架

本书共分为七章。其中第一章为导论，第二章为文献综述，第三到第六章为全书的主体，第七章为研究结论与政策建议。本书的具体内容安排如下：

第一章为导论。本章内容主要包括研究背景及意义、研究框架及方法、可能的创新与不足之处等。

第二章为文献综述。本章对与本书相关的现有研究文献进行了综述，首先定义了技术创新的概念和度量方法；其次对技术创新理论的发展进行了简要回顾，介绍了熊彼特创新理论和新古典学派、新熊彼特学派、制度创新学派及国家创新系统学派等学派的技术创新理论；再次从企业规模、市场结构、企业出口、金融发展、外商直接投资及知识产权保护等方面回顾了关于企业技术创新影响因素的国内外研究文献；最后从理论研究和实证分析两方面系统回顾了关于政府资助与企业技术创新关系的国内外研究文献。

第三章为政府资助与企业技术创新的理论分析。本章对政府资助与企业技术创新之间的关系进行了理论分析，首先分析了技术创新活动的公共产品、外部性、不确定性及不完全信息等特征，表明企业技术创新也会存在“市场失灵”问题，这为政府干预企业技术创新活动提供了理论依据；其次分别在寡头垄断和垄断竞争条件下构建理论模型分析了政府资助对企业技术创新的影响。

第四章为中国政府资助与企业技术创新的事实描述。本章首先描述了我国政府科技资助的现状，详细内容包括我国国家财政科技的投入规模和投入主体，我国政府科技资助的选择对象以及不同所有制类型、不同地区和不同行业中企业获得政府科技资助的差异；其次描述了我国企业技术创新的投入现状，详细内容包括我国总体研发经费的投入规模、应用结构和执行部门，以及不同所有制类型、不同地区和不同行业中企业研发经费投入的差异；最后描述了我国企业技术创新的绩效，详细内容包括我国企业专利申请情况、新产品销售情况以及我国贸易结构升级情况。

第五章为政府资助与企业技术创新——基于中国省级面板数据的实证检验。本章在前文理论分析和事实描述的基础上，首先利用我国省级面板数据对政府资助与企业技术创新之间的关系进行了实证检验，实证检验过程中分别构建了政府资助对企业技术创新投入影响和政府资助对企业技术创新产出影响两个计量模型；其次构建了门限回归模型，检验了政府资助强度、金融市场效率、人力资本水平和知识产权保护水平等因素对政府科技资助效果的影响。

第六章为政府资助与企业技术创新——基于企业微观数据的实证检验。本章首先利用企业微观数据从地区、行业、所有制类型、规模、年龄和出口状态等方面对我国政府资助和企业技术创新情况进行了微观描述；其次构建了样本选择模型，对政府资助与企业技术创新的关系进行了微观数据检验，并进一步根据企业所有制类型、规模、行业特征及贸易模式比较分析了不同类型企业中政府资助促进效应的差异性；最后考虑到政府资助变量的内生性问题，采用倾向评分匹配倍差法对我国政府资助对企业技术创新的影响进行稳健性检验。

第七章为研究结论与政策建议。本章总结了本书的研究结论，并提出了相应的政策建议。

本书的技术路线图如图 1－1 所示。

二、本书的研究分法

（一）文献研究法

本书通过文献检索研读了国内外大量研究文献，首先定义了技术创新的概念和度量方法，然后简要回顾了技术创新理论的发展历程，接下来回顾了关于企业技术创新影响因素的国内外研究文献，最后从理论研究和实证分析两方面系统评述了关于政府资助与企业技术创新关系的国内外研究进展，对现有研究文献的梳理为本书提供了研究基础和方向。

（二）规范研究法

本书在回顾研究文献的基础上，首先系统分析了技术创新活动的公共产品、外部性、不确定性及不完全信息等特征，说明企业技术创新也会存在“市场失灵”问题，表明政府干预企业技术创新活动的必要性；其次分别在寡头垄断和垄断竞争条件下构建理论模型分析了政府资助对企业技术创新的影响，理论模型推理结论均表明政府资助确实能促进企业技术创新，这为本书的实证分析提供了理论基础。

（三）实证分析法

本书在理论分析的基础上，采用统计描述和计量回归等方法对本书进行实证分析，一是分别采用宏观和微观数据对我国政府资助及企业技术创新的现状进行

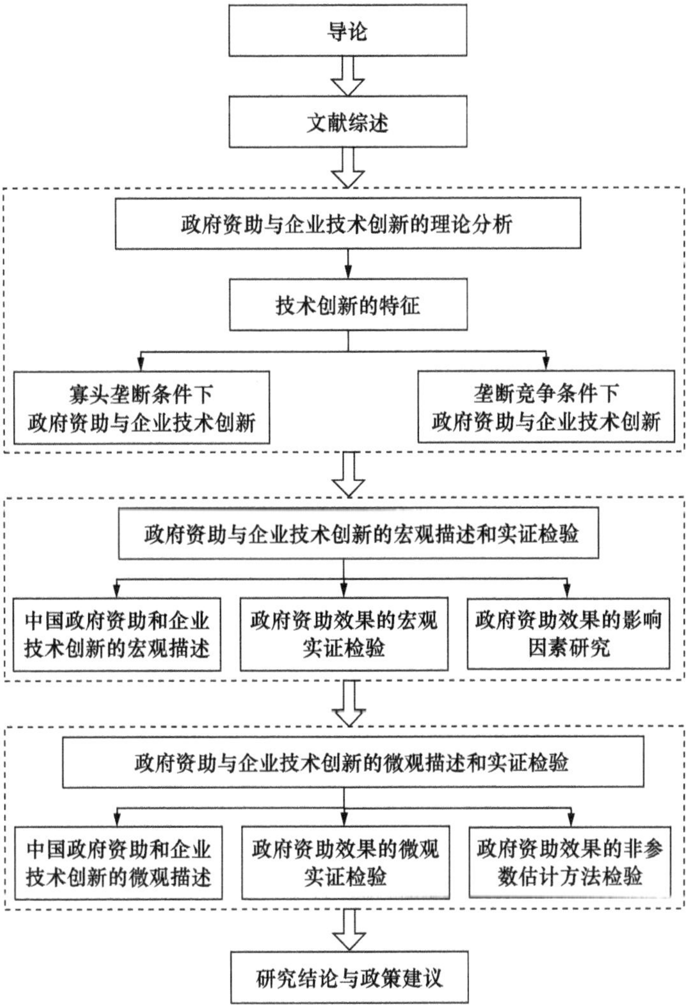

图1－1 本书的技术路线图

统计描述，详细分析了我国政府资助和企业技术创新中存在的特征与不足；二是综合运用了动态面板回归模型、面板门限回归模型、Heckman 样本选择模型及倾向评分匹配等前沿计量经济学方法实证检验政府资助对企业技术创新的影响，从而获得相应的研究结论并有针对性地提出相关政策建议。

第三节 可能的创新与不足

一、可能的创新之处

（一）理论创新

传统经济学认为，市场经济机制在自发运行的过程中仅依赖自身力量的调节作用就可以使得社会中拥有的各种资源得到充分合理的利用，从而达到社会资源的有效配置状态，然而自由放任基础之上的市场经济机制因外部性、不完全竞争等原因并不一定能充分发挥作用以有效配置社会资源，这就带来了“市场失灵”问题。本书系统分析了技术创新活动的公共产品、外部性、不确定性及不完全信息等特征，表明了企业技术创新也会存在“市场失灵”问题，从而为政府干预企业技术创新提供了理论依据。本书通过拓展 D' Aspremont 和 Jacquemin（1988）理论模型构建了一个两阶段完全信息动态博弈模型，分析了古诺均衡条件下政府资助对企业研发投资的影响，该模型根据企业在研发阶段和产出阶段是否进行合作分研发和产出均不合作、研发合作而产出不合作及研发和产出均合作三种状态进行分析，模型结论表明，政府直接财政补贴和税收减免在这三种合作状态下均能有效促进企业研发投资和提升市场总产量，而且企业研发投资水平和市场总产量会因企业合作状态及技术溢出效应大小而产生变化。

（二）实证创新

本书的实证创新之处主要体现在实证数据的选取和实证方法的运用两方面：

（1）实证数据的选取。本书在利用宏观数据实证检验的基础上进一步采用了大样本的企业微观数据进行全面分析，本书所采用的企业微观数据来自我国国家统计局建立的中国工业企业数据库，该数据库包含了 1998 ~ 2007 年我国全部国有工业企业和规模以上非国有工业企业的基本信息和财务数据，企业样本数量达到了几十万家，从而使得本书得以从微观角度分析政府资助与企业技术创新，而以往鲜有相关研究文献采用如此大样本的企业微观数据对本论题进行研究。

（2）实证方法的运用。本书综合运用了面板门限回归模型、Heckman 样本选择模型及倾向评分匹配等前沿计量经济学方法实证检验了政府资助对企业技术创新的影响，从而提升了研究结论的可靠性。比如在分析通过影响解释变量而对被解释变量产生差异影响的调节因素时，传统研究方法一般分为分组检验和构造交叉连乘项检验两种方法，其中分组检验比较适用于定性调节因素，但当调节因素为定量指标时，就会因难以确定分组标准而影响研究结论，交叉连乘项检验方法则比较适用于定量调节因素，但该方法难以反映调节因素对解释变量的非线性影响。Hansen（1999）提出的基于面板数据的门限回归非线性计量模型是对分组检验方法的一种拓展，从而可以有效弥补以上两种检验方法的不足。再如统计描述表明，政府资助变量并非是一个随机变量，政府一般来说更倾向于对技术创新能力强的企业进行资助，因而政府资助与企业技术创新之间会存在反向因果关系这一内生性问题，而如果忽视这一问题直接用传统参数估计方法，估计结果可能是有偏且非一致的，本书采用的倾向评分匹配倍差法是处理解释变量内生性问题的有效方法。

（三）视角创新

现有研究文献大多围绕政府资助能否促进企业技术创新进行实证研究，比如Levy和Terleckyj（1983）、Czarnitzki和Toole（2007）、朱平芳和徐伟民（2003）、李平和王春晖（2010）、白俊红（2011）、李玲和陶厚永（2013）等学者研究发现，政府资助显著促进了企业研发投入，而Lichtenberg（1984）、Mamuneas和Nadiri（1996）、Lach（2002）、Clausen（2009）、姜宁和黄万（2010）、江静（2011）等学者则研究发现，政府资助会在一定情况下对企业研发投资产生替代效应。本书在实证检验政府资助与企业技术创新之间关系的基础上进一步从宏观和微观两方面考察了影响政府资助效果的调节因素，从而更有利于政府制定相应的政策来提升政府科技资助效果：首先本书将影响政府资助效果的宏观经济因素概括为政府资助强度、金融市场效率、人力资本水平和知识产权保护水平四个方面，以此构建门限变量并分别考察各门限变量的门限值所划分的不同区间内政府资助效果的差异性。研究结果表明，政府资助效果随政府资助强度和金融市场效率变化而均呈现出一种倒U型特征，而政府资助效果与人力资本水平和知识产权保护水平之间则均呈显著的正相关关系。其次本书按照企业所有制类型、规模、行业特征及贸易模式对企业样本进行了分组，比较分析了在不同类型企业中政府资助效果的差异性，研究结果表明，政府资助对本土企业尤其是民营企业、中小型企业、资本和技术密集型企业、贸易企业尤其是一般贸易企业研发投资的促进效应显著大于外资企业、大型企业、劳动密集型企业及非贸易企业。

二、存在的不足之处

尽管笔者已对本书的写作付出了最大努力，但受学识水平和客观条件的限制，本书仍然存在很多不足，比如在理论创新方面仅仅是对原有经典模型作了一些简单拓展，并没有建立一个新的理论分析框架，这充其量只能作为理论研究的些许“边际创新”。再如政府科技资助的手段包括财政直接补贴、税收减免及政府采购等多种方式，本书限于统计数据的缺乏仅实证检验了财政直接补贴对企业技术创新的影响，未能对政府科技资助的不同手段作比较，这些研究不足均需要笔者在未来的学术研究中继续努力。

第二章　文献综述

第一节　技术创新的概念和度量

一、技术创新的概念

美籍奥地利经济学家熊彼特（Joseph Alois Schumpeter）在其1912年发行的德文版《经济发展理论》一书中最先提出了经济学意义上的“创新”一词，他认为所谓创新就是建立一种新的生产函数，把一种之前从来不存在的关于生产要素和生产条件的“新组合”引入到生产体系中，这种新组合主要包括五种形式，分别是生产新产品、采用新技术、开辟新市场、获取原材料新的供给来源以及实现企业新组织。从中可以看出熊彼特所定义的创新概念范围很广泛，包括产品创新、工艺创新、市场创新和组织创新等各方面的内容，其中并没有对“技术创新”界定一个明确的含义。

Solo（1951）随后系统研究了创新理论，他在《在资本化过程中的创新：对熊彼特理论的评论》一文中认为创新成立的两个前提条件分别是新思想的来源和以后阶段的实现发展，他的这种“两步论”观点在技术创新概念界定问题研究上产生了深远影响。在Solo（1951）的创新理论基础上，Enos（1962）和Glynn（1996）分别对技术创新进行了明确的定义，Enos（1962）在他的《石油加工业中的发明与创新》一文中认为“技术创新是几种行为综合后产生的结果，这些行为包括发明的选择、资本投入保证、建立组织、制定计划、招聘工人和开拓市场等”；Glynn（1996）则从创新时序的视角对技术创新进行了定义，认为“技术创新是开始于对技术所拥有的商业潜力的认识而结束于将其完全转化为商业化产品的完整行为过程”。Rosenberg（1976）把技术创新和制度创新进行了区分，认为非产品和工艺上的改进不能算作技术创新，尽管它们与技术创新联系密切，但这只是组织和管理上的相应变化。Freeman（1982）延续 Rosenberg 等（1976）的观点，强调了技术创新的市场应用，他从经济学的视角对创新的对象作了进一步的规范，他在 1982 发行的《工业创新经济学》修订本中明确提出了“技术创新就是指新产品、新过程、新系统及新服务的首次商业性转化”，这就进一步区分了技术创新、技术发明及制度创新的概念。

联合国经济合作与发展组织（OECD）在 1992 年的《技术创新统计手册》中认为，“技术创新包括新产品、新工艺以及产品和工艺的显著变化，如果在市场中实现了创新产品创新，或者在生产工艺中应用了创新工艺创新，那么就可以认为完成了技术创新”。

我国学者傅家骥（1998）在其《技术创新学》一书中将技术创新定义为：“企业家抓住市场的潜在盈利机会，以获取商业利益为目标，重新组织生产条件和要素，建立起效能更强、效率更高和费用更低的生产经营系统，从而推出新的产品，新的生产（工艺）方法，开辟新的市场、获得新的原材料或半成品供给来源或建立企业的新的组织，它是包括科技、组织、商业和金融等一系列活动的综合过程。”1999 年《中共中央、国务院关于加强技术创新，发展高科技，实现产业化的决定》中明确指出：“技术创新是指企业应用创新的知识和新技术、新工艺，采用新的生产方式和经营管理模式，提高产品质量，开发生产新的产品，提供新的服务，占据市场并实现市场价值。企业是技术创新的主体。技术创新是发展高科技、实现产业化的重要前提。”

尽管国内外学者从不同角度出发在技术创新的概念定义上有不同观点，但从中可以看出，技术创新的核心内容是产品创新和工艺创新，而且技术创新必须进行市场化。由此本书综合当前国内外学者的研究，把技术创新的概念界定为：技术创新是指企业以获取商业利益为目标，应用创新的知识和新技术、新工艺，建立起效能更强、效率更高和费用更低的生产经营系统，提高产品质量、开发生产新的产品及提供新的服务，占据市场并实现市场价值，是涵盖科技、组织、商业和金融等一系列活动的综合过程。依据上述技术创新的定义，有必要将技术创新与技术发明和技术进步的概念加以区分：

（一）技术发明与技术创新的区别

技术发明只是一种纯粹的科技行为，技术发明可以向有关机构申请专利，但未必能够产生适应市场的产品或者服务。而技术创新则是把技术发明或者其他科技成果引入到生产体系中，将经济因素加入到技术发明的技术因素中，实现技术因素和经济因素的融合，将技术发明转化为适应市场需要的产品或者服务，这种将科技成果进行商业化和产业化的完整过程才是技术创新。由此可见，技术发明与技术创新两者在内涵上具有本质区别，其中技术发明是指处理某一技术问题的具体方案，而技术创新则是技术问题解决方案的经济化问题，即从经济角度考虑这种技术方案的实施可能性、市场价值以及如何实施等问题。因而，技术创新包括技术发明，技术发明是技术创新的前期阶段和重要组成部分。

（二）技术进步与技术创新的区别

联合国经济合作与发展组织（OECD）在其1988年发行的《科技政策概要》中认为，“技术进步是一个包括三种互相重叠又相互作用的要素的综合过程，第一个要素是技术发明，即有关新的或改进的技术设想，技术发明的重要来源是科学研究；第二个要素是技术创新，它是指技术发明的首次商业化应用；第三个要素是技术扩散，它是指技术创新随后被众多使用者采用”。从中可以看出，技术发明是技术创新的基础条件，技术创新是技术进步的中间阶段和核心环节，在技术进步过程中有着重要地位，而技术进步则是一个社会现象，它是由社会中每个企业的技术创新活动综合而成。技术进步的内涵比技术创新更广，技术进步泛指通过对原有技术体系进行研究改造革新以提高企业现有生产效率的一切创新活动，在开放经济中，企业技术进步主要有技术创新、技术扩散、技术转移与引进三种途径，因而技术创新是技术进步的重要途径之一。

二、技术创新的度量

在技术创新的度量上，国内外学者通常从创新投入和创新产出两方面对技术创新进行度量，其中创新投入主要指研发经费和研发人员的投入，而创新产出主要包括专利数量和新产品销售收入等。这些技术创新度量指标体系均存在着一定的局限性，仅利用单一指标难以全面衡量技术创新的价值。

（一）创新投入指标

在国内外研究中有相当多的学者把研发经费或者研发人员的投入作为企业技术创新的主要评价指标，然而研发经费一般只适合作为大企业的技术创新指标，在中小企业则通常很少有研发经费投入或者没有正式的研发经费投入；研发人员虽然在数量上易于统计，但由于研发人员素质不同和行业之间的显著差异性，研发人员之间往往缺乏相应的可比性。实质上，研发资源只代表了创新过程中的投入，虽然与技术创新之间具有密切关系，但由于研发投入并不能一定生产出新产品和改进新技术，因而难以准确度量出技术创新的绩效。特别是当今开放经济环境下，企业除依赖于自身研发资源投入外，还可以通过自身“干中学”、外部技术溢出等方式充分运用企业内外的创新资源，来提高企业自身的技术创新绩效，因而仅依据研发资源投入指标并不能准确地反映企业相应的技术创新水平。

（二）创新产出指标

国内外学者们经常利用专利数据作为一个重要的技术创新指标来度量企业在

一定时期内的技术创新情况，专利数据确实能够反映企业具备的技术能力，是衡量企业发明创造及设计能力的较好指标。然而专利数据作为技术创新产出的指标存在着较大缺陷，这是因为专利数据度量的是技术发明而非技术创新，技术发明并不一定是技术创新，只有那些成功实施了商业化并已产生经济效益的技术发明才是技术创新。实际上，有相当多的专利从来没有投入到商业应用中，尤其中国的专利技术转化率更是远低于国际水平，因而用专利去度量技术创新很可能存在高估的可能性。国内外也有不少学者用新产品销售收入度量企业技术创新水平，新产品销售收入越多表明其拥有的市场价值越大，因而在一定程度上考虑了产品创新的重要程度和市场价值，有利于弥补用专利数据衡量技术创新时存在的缺陷。但是企业所生产的新产品缺少公认的统一判断标准，并非是所有新产品都必然具有较高的技术含量，而且不同行业之间的新产品也没有可比性；工艺创新也是技术创新的重要内容之一，它可以有效提高企业的产品质量和生产效率，产生显著的经济和社会效益。然而，新产品销售收入并不能反映企业的工艺创新，因此如果只用新产品销售收入度量技术创新也是有所偏颇的。

基于以上的分析，可见目前通用的各种度量技术创新的指标都存在各自的优缺点，因此本书将根据所使用的数据特征和研究目的进行合理的选择，综合运用企业研发经费投入和新产品销售收入等指标度量企业技术创新水平。

第二节　技术创新理论的发展

自从熊彼特在其 1912 年发行的《经济发展理论》一书中首先提出了创新理论后，由于同时期的凯恩斯经济理论的盛行，创新理论并没有得到学者们的广泛关注。20 世纪中叶以后，世界上许多国家的经济保持了长达近 20 年的高速增长，传统经济学理论中资本和劳动等要素已不能对这种现象做出令人信服的解释。众多西方学者对技术进步与经济增长之间的关系产生了兴趣，并开展了系统的研究，极大地发展了技术创新理论，并逐步形成了以技术创新过程、技术变革及技术推广为研究对象的技术创新经济学和以制度变革及制度形成为研究对象的制度创新经济学两大分支。经过多年的发展，国外技术创新理论已形成了新古典学派、新熊彼特学派、制度创新学派及国家创新系统学派等，下面对技术创新理论的发展进行简要回顾。

一、熊彼特创新理论

熊彼特在其 1912 年发行的《经济发展理论》一书中首次提出了创新理论后，

又在 1939 年和 1942 年发行的《经济周期》和《资本主义、社会主义和民主主义》两部专著中对创新理论进行了补充完善，形成了以技术创新为主要研究内容的经济理论。他认为，所谓创新就是建立一种新的生产函数，把一种之前从来不存在的关于生产要素和生产条件的“新组合”引入到生产体系中，这种新组合主要包括五种形式，分别是生产新产品、采用新技术、开辟新市场、获取原材料新的供给来源以及实现企业新组织。熊彼特的创新理论体系涵盖了产品创新、工艺创新、市场创新和组织创新等方面内容，他认为纯粹的技术发明和产品改进并不是创新，一项新技术只有完成了商品化或产业化并产生了经济效益才能称为创新。

熊彼特把关于生产要素和生产条件的新组合的实现称为企业，把职能是实现新组合的人们称为企业家，认为企业是技术创新的主体，企业家是技术创新的承担者。企业家发现市场中可能带来盈利机会的创新需求，并应用新的组合来组织各种生产要素和生产条件完成创新。企业家的职能不在于发明新技术，而在于将生产要素的新组合应用在商业化的生产经营系统中。企业家创新的持续动力来源于对企业市场占有率和超额利润的追求，企业家创新过程中必须具有明确的经济目标，承担创新过程中的各种风险，企业家自身所拥有的能力决定了创新能否成功，因而企业家是技术创新过程中的关键影响因素。对于实施创新的企业来说，熊彼特认为处于市场垄断地位的大企业一般来说在资金、管理及研发等创新资源方面拥有优势，更能够承受技术创新过程中较大的风险和不确定性，因而是技术创新的主要力量，而小规模企业则由于创新资源不足和自身技术积累薄弱而很难进行一些根本性技术创新。

熊彼特早期曾认为，技术创新是经济运行系统的外生变量，但他在之后的理论陈述中修正了以前的观点，认为技术创新是经济发展中的内生变量，是经济系统内部需求引发而自行发生的。企业进行技术创新获得相应超额利润后，扩大了企业规模，提高了市场份额，市场中的其他企业为分享这种利益而竞相进行模仿，在创新过程中有许多企业因为不适应新的发展要求而不断被淘汰出市场，同时又不断有大量创新能力强的企业出现和蓬勃发展，从而创新和由此而引起的模仿、适应行为共同推动着经济发展。熊彼特认为，创新活动本质上是一种“创造性的破坏”，在企业外部表现为新企业对旧企业的取代，在企业内部表现为企业的自我完善和发展，在这个创造性的破坏过程中，生产要素得到优化组合，推动着经济不断向前发展。熊彼特认为，创新活动不仅能够促进经济发展，而且能够引发经济系统的周期性变化，这是由于创新企业的示范效应会引起其他企业竞相模仿。随着模仿企业的增加，社会经济规模得以扩大，同时企业利润也会相应减少，这将导致模仿企业减少直至所有企业停止模仿，从而经济增长也会相应停止；随着下一次创新的来临，社会经济系统又将开始新一轮的发展，从而创新活动所拥有的这种传导效应会导致经济系统运行的周期性变化。

二、新古典学派创新理论

新古典学派经济学家借鉴熊彼特创新理论将技术创新纳入到新古典经济学理论分析框架中，主要研究了技术创新与经济增长的关系，逐步形成了新古典经济增长理论和内生经济增长理论。

英国经济学家 Harrod（1939）和美国经济学家 Domar（1946）在考察经济增长原因和内在机制的过程中提出了 Harrod - Domar 经济增长模型，本身是对凯恩斯所创立的宏观经济理论的进一步拓展，同时又开启了主流经济学对现代经济增长理论研究的先河。该模型在资本产出比不变等假设条件下得出结论，认为经济长期稳定增长的条件是实际增长率、有保证的增长率及自然增长率的一致。然而在该模型中决定有保证的增长率和自然增长率的都是外生变量，要保证它们相等是很难做到的，即从经济系统内部是无法调控经济增长的。Harrod - Domar 经济增长模型最大的缺陷是把资本产出比假设为常数，没有考虑技术创新因素，而在现实经济中，由于技术创新的影响，生产效率大幅度提高会导致资本产出比不断增加，这一点与经济增长中的实际情况不符。

在 Harrod - Domar 经济增长模型的基础上，Solow（1956）和 Swan（1956）认为经济系统应该具有完善的自我调整功能，以资本积累为核心，以资本收益递减规律为假设，利用新古典生产函数建立了 Solow - Swan 经济增长模型，共同建立了新古典经济增长理论的基础。Solow - Swan 经济增长模型研究结论认为，经济增长率取决于资本和劳动的增长率、资本和劳动的产出弹性以及外生的技术创新；经济增长有两种不同来源，一是由资本和劳动要素数量增加而产生的“增长效应”，二是因技术创新导致生产效率提高而产生的“水平效应”的经济增长。新古典经济增长理论一方面认为科学技术对经济增长具有重要影响，另一方面在理论模型中又把科学技术当作经济系统中的外生变量，把新技术的产生认为是独立于经济增长之外的因素，导致描述的经济增长过程缺乏一个明确的动力来源。

Solow（1957）在其 1957 年发表的《技术进步与总生产函数》一文中把不能用资本和劳动的增长来解释的“剩余”均归类为技术进步，测算出美国 1909 ~ 1949 年 GDP 总额的年均增长率为 2.9%，其中 0.32% 来源于资本积累，1.09% 来源于劳动投入的增加，剩下的 1.49% 来源于技术进步，这一结果更加突出了新古典经济增长模型中技术进步外生变量假设的不足。

为了弥补 Solow - Swan 经济增长模型的不足，经济学家开始把技术进步因素纳入到经济增长模型中，从而形成了技术内生的经济增长理论，这同时也构成了新古典学派创新理论。

Arrow（1962）在其《干中学的经济含义》一文中提出了著名的“干中学”模型，该模型认为技术进步不是外生的，而是资本积累的副产品，因此资本投资具有外部性。不仅进行投资的企业自身可以通过积累生产经验来提高技术水平，而且社会中其他企业也可以通过学习来提高技术水平，从而用“干中学”的经济思想解释了企业技术创新。

Romer（1990）在其《内生技术变化》一文中建立了基于R&D的内生经济增长模型，该模型假设经济中存在研发部门、中间产品部门及最终产品部门，知识被划分为社会公共知识和企业专有知识，企业拥有的专有知识能给它带来超额利润，而这种超额利润则为企业从事研发活动提供了市场激励，因而技术创新是企业有目的地进行研发投资的结果，在长期中经济增长率取决于经济系统中投入的研发资源数量。

Uzawa（1965）在其《经济增长总量模式中的最优技术变化》一文中，建立了一个包含物质生产部门和人力资本部门的两部门经济增长模型，认为人力资本部门中不递减的边际要素报酬可以弥补物质生产部门中递减的边际要素报酬，从而保持经济的持续增长。

Lucas（1988）在其发表的《论经济发展的机制》一文中，基于Uzawa（1965）的分析框架将人力资本因素纳入经济增长模型，该模型区分了人力资本的内部效应和外部效应，认为人力资本的外部效应会在人与人之间扩展，从而有利于提高所有生产要素的生产效率，使得人力资本投资通过促进科技进步而成为经济增长的动力源泉。

三、新熊彼特学派创新理论

新古典学派经济学家将技术创新过程视为一个“黑箱”，其理论本身并没有关注这个“黑箱”内部的运作。而新熊彼特学派经济学家则继承熊彼特的创新理论，强调技术创新和技术进步在经济增长过程中的关键作用，着重于对“黑箱”内部技术创新运作过程和机理的研究。新熊彼特学派创新理论把熊彼特的创新理论和研究方法同微观经济理论结合起来，对技术创新的概念和类型进行了详细界定，并在分析技术创新过程的基础上先后建立了一些具有重要影响的技术创新模型，深入研究了新技术的推广模式、技术创新和市场结构之间的关系以及技术创新与企业规模之间的关系等问题。

Mansfield（1961）深入研究了新技术的推广问题，分析了新技术在同一部门内推广的速度和影响技术推广的各种因素，并在此基础上建立了新技术推广模式。该模型提出了四个严格假设条件：一是完全竞争条件下的市场，新技术没有被垄断，技术模仿者能够依据自己的意愿自由选择和使用相应的技术；二是专利保护权对技术模仿者的影响忽略不计，从而市场中每一个企业都能够对新出现的技术进行模仿；三是新技术在推广过程中保持不变，从而不会因为新技术自身发生变化而影响模仿率；四是企业自身规模大小对新技术的采用不产生影响。在上述假设条件下，他对影响新技术推广的因素进行了研究，总结了三种基本因素和四种补充因素。其中，三种基本因素分别为：一是模仿比例，模仿比例越高新技术的推广速度就越快；二是模仿相对盈利率，相对盈利率越高新技术推广速度就越快；三是采用新技术要求的投资金额，新技术的投资金额越小企业越容易采用，从而新技术推广速度也就越快。四种补充因素分别为：一是原有设备的剩余使用时间，时间越短新技术推广速度越快；二是一定期间内销售量的增长速度，增长速度越快，新技术推广速度越快；三是新技术首次应用和被模仿的时间间隔，时间间隔越短，新技术推广速度越快；四是新技术首次应用的时间在经济周期中所处的阶段也会影响新技术推广速度。尽管 Mansfield（1961）拓展了熊彼特创新理论，通过技术创新与模仿之间的关系，在一定程度上解释了技术模仿与技术推广，但由于其模型的理论假设条件过于苛刻，与经济中的实际情况偏差较大，因而对现实经济的解释力是较为有限的。

Kamien 和 Schwartz（1982）则从垄断和竞争的角度出发，深入研究了技术创新的过程，把企业规模、市场竞争强度和垄断强度三个因素统一纳入市场结构之中来研究，考察了市场结构与技术创新之间的关系，建立了技术创新的最优市场结构模型。他们认为，企业自身规模越大，则整合各种创新资源的能力越强，在技术创新上所能开拓的市场份额越大，潜在的创新收益越高，因而进行技术创新的激励越强；市场竞争环境越激烈，迫使企业进行技术创新的压力就越大，企业为防止失败而进行技术创新的积极性越高；企业对市场的垄断程度越高，在市场中对新技术的控制时间越长，从新技术中获取的收益也越大，因而进行技术创新的积极性也越高，但是企业垄断程度过高也会影响新技术在市场中的运用而阻碍技术创新。在完全竞争的市场条件下，企业规模大多都比较小，自身技术积累薄弱，难以整合技术创新所需的各种资源，同时，也没有能力开辟技术创新所需要的广阔市场空间，因而进行技术创新的积极性并不高，难以形成大规模的技术创新和持续创新。而在完全垄断的市场条件下，垄断企业即使有相应的能力进行技术创新，但由于垄断会导致其他模仿者无法在短时间内进入市场，垄断企业会由于没有来自竞争对手的威胁而缺乏进行技术创新的动力，所以也不利于形成重大技术创新。因此，企业技术创新的最优市场结构应该是介于完全垄断和完全竞争之间的中等竞争程度的市场结构。Kamien 和 Schwartz（1982）丰富并发展了熊彼特创新理论，分析了市场结构与技术创新之间关系的实质，但没有进一步比较分析中等竞争程度的垄断竞争市场和寡头垄断市场两种市场结构中企业技术创新水平的差异，因而研究结论仍然较为偏重于宏观层面。

四、制度创新学派创新理论

技术创新理论的制度创新学派以美国经济学家 Davis 和 North 等为代表，Davis 等（1971）在他们合作出版的《制度变革与美国经济增长》一书中正式提出了制度创新理论，他们把熊彼特的创新理论与制度经济学理论结合起来，深入研究了制度安排在一国经济增长的作用，拓展了熊彼特创新理论中的制度创新思想。他们认为制度创新是指经济系统的组织形式或经营管理方式的革新，其中所说的制度指具体的政治经济制度，比如公司制度、金融组织以及工会制度等，而不包括作为背景的社会宏观政治环境。制度创新学派借鉴新古典经济学理论中的一般静态均衡和比较静态均衡分析方法，对技术创新的外部条件进行分析后认为，经济增长的关键是建立起来一种能提供有效激励的制度，这种制度建立起一套完整的产权制度，从而使创新的私人收益与社会收益之间得以达到一种平衡；制度变革的动力来源是产权的界定和变化，新技术的发展必须依赖于一个完整的产权制度，以使创新活动的私人收益接近于社会收益水平；如果一个经济系统中的产权制度能够明确界定和有效保护每个创新者的专有权，使得创新者得到应有的最大个人收益，那么这种制度就能有效促进经济增长。制度创新学派认为制度创新的目的是通过经济系统中组织形式或经营管理方式的革新为技术创新创造更适合的条件，更有力地推动技术创新的开展，因而制度创新影响技术创新，同时技术创新也反作用于制度创新，影响制度的建立与安排。

Davis 等（1971）认为，制度创新需要经历一个漫长的过程，在这期间充满着利益集团之间的妥协和博弈，制度创新过程可以划分为五个阶段：第一阶段是形成第一行动集团，该集团是指那些能够准确预见潜在市场经济利益，并且能够认识到其可以由制度创新所带来的人们，他们在制度创新过程中扮演着决策者、首创者和推动者的角色，他们也就是熊彼特所言具有敏锐观察力和优秀组织能力的企业家，是制度创新中的核心推动力量；第二阶段是第一行动集团提出制度创新方案，企业家们在预见到潜在的市场经济利益时，为了能够获取这种潜在利益而提出各种制度创新备选方案；第三阶段是比较和选择制度创新方案，第一行动集团对已经提出的各种备选制度创新方案进行比较和选择，根据经济利益最大化原则选取最优制度创新方案；第四阶段是形成第二行动集团，该集团是指在制度创新过程中辅助第一行动集团的相关利益单位，其是制度创新行动的具体实施者，涵盖政府机构、民间组织以及个人等；第五阶段是第一行动集团和第二行动集团共同实施制度创新以达到新一轮的均衡状态。

五、国家创新系统学派创新理论

20 世纪 80 年代以来，一些西方经济学家把制度安排与技术创新结合起来，从政治、经济和社会等宏观层面考察技术创新，强调国家因素在技术创新过程中的作用，由此形成了技术创新理论的国家创新系统学派。该学派以英国经济学家 Freeman 和美国经济学家 Nelson 等为代表，他们认为国家在技术创新过程中发挥着重要作用，国家应该为企业技术创新创造必要的外部条件，通过国家创新系统来促进企业的技术创新。

1987 年，Freeman 在考察日本经济高速发展的历程时，发现日本经济运行中的创新活动无处不在，技术创新的参与者包括了政府、企业、大学及研究机构等各种社会组织。第二次世界大战以后，日本在本国技术水平相对落后的情况下，以技术创新为主导方向，辅以组织创新和制度创新，通过大规模的技术引进、消化吸收再创新以及自主创新，在较短的时期内使得国家的经济呈现出了强劲的发展态势，一举成为了世界上的经济和技术强国。在此基础上，Freeman（1989）在《技术和经济运行：来自日本的经验》一书中首次提出了国家创新系统理论，指出了国家在推动技术创新中的重要作用，认为国家创新系统是一个由公共部门和私有机构共同组成的网络系统，公共部门和私有机构二者共同促进了新知识和新技术的引进、改造、应用以及推广，从而提高了整个国家的技术创新水平，因而国家的重要职能之一是通过制度安排和有效组织形成一个完整的国家层面的网络系统，以推动整个经济系统中的技术创新活动。

Nelson（1993）则以美国为例考察了国家支持技术创新的一般制度体系，他在《国家创新系统》一书中进一步完善了国家创新体系的概念，认为现代国家的创新系统在制度安排上相当复杂，包括了各种制度因素和技术行为因素，涉及政府、企业、大学与科研机构等各种机构，以及这些机构之间的相互作用关系，国家创新系统的关键作用是优化配置企业技术创新中所必需的各种资源，协调国家经济系统中各方面的技术创新活动。

第三节　企业技术创新的影响因素研究

一、企业规模的影响

创新理论的开创者经济学家熊彼特认为大企业一般具有资源优势和规模经济

效应，可以承担较大规模的研发投资，具有较强的创新风险承担能力，因而企业规模越大越具有创新性。随后国内外众多学者对熊彼特这一假说进行了实证检验，但并没有获得一致的结论。

Villard（1958）运用美国劳动统计局和国家科学基金会的调研数据，研究发现，从事研发活动的企业所占比例随企业规模增大而上升。

Philips（1966）运用美国 11 个产业的企业数据，研究发现，以企业增加值所占产业总增加值比重来衡量的企业规模对企业研发强度有显著正影响。

Blundell 等（1995）采用计数模型分析了英国企业面板数据，在控制了知识存量、市场集中度等变量后，发现企业市场份额对创新数量有显著正影响。

周黎安和罗凯（2005）使用我国省级面板数据，研究发现，我国企业规模对创新有着显著促进作用，但企业规模对创新的正向关系主要存在于非国有企业，而不是国有企业。

Horowitz（1962）利用美国产业数据，研究发现，企业自身增加值与企业所参与的研究项目和研发强度之间均存在着不显著的正向关系。

Kraft（1989）运用德国企业数据，研究发现，在控制了企业所有权结构、现金流、员工技术水平以及市场力量等变量后，企业规模对新产品销售收入份额存在着不显著的正影响。

Scherer（1965）采用 1955 年的 500 强企业数据，以企业研发人员作为被解释变量，用企业销售收入及其平方项和立方项作为解释变量，研究发现，企业规模与研发人员之间呈一种倒 U 型关系。

聂辉华等（2008）利用中国规模以上工业企业微观面板数据考察了影响中国企业技术创新的因素，研究发现，企业创新与企业规模之间呈倒 U 型关系，即一定程度的企业规模有利于促进企业创新。

朱恒鹏（2007）采用中国 10 个省市 800 余家民营企业的调查数据，研究发现，在民营企业中企业规模与研发强度之间也呈现出较明显的倒 U 型关系，其中小型企业更倾向于选择自主创新方式。

李宇（2010）从产业成长阶段的视角分析了企业规模与技术创新的关系，认为中国和美国制造业处于不同成长阶段，我国制造业的主要驱动要素是传统投入要素和研发投入，这要求企业规模不断扩大，因此企业规模与技术创新之间呈正向关系；美国制造业由研发投入和非研发投入共同驱动，在保持甚至收缩企业规模的情况下仍然能够持续创新，因此企业规模与技术创新之间呈倒 U 型关系。

Bound 等（1984）运用美国企业数据，研究发现，企业规模与研发支出之间呈 U 型关系，即企业研发强度先随企业规模增大而下降，之后又会随着企业规模增大而上升，其中最小和最大规模企业均比中等规模企业有更高的研发强度。

彭征波（2007）利用中国电子、纺织、服装、化学和机械五个行业的工业统计数据，研究发现，企业规模与技术创新之间不存在简单的线性关系，在不同的行业中可以表现为U型或倒U型关系。

二、市场结构的影响

新古典经济学认为，完全竞争市场是最有效率的一种市场结构，并运用静态分析方法证明完全竞争同时是一种福利最大化的制度。熊彼特则认为应该以动态的角度衡量资源配置机制的效果，完全竞争在短时期内有可能比其他类型市场结构更有效率，但如果从长期来看，垄断会比完全竞争更有效率，垄断也更有利于促进企业创新。

Arrow（1962）最早建立了市场结构与技术创新之间关系的理论模型，通过对比分析不同市场结构对技术创新的影响，认为与垄断相比，完全竞争市场结构更有利于促进技术创新，但无论哪一种类型市场结构中的创新水平均低于经济中最优水平。

Mansfield（1963）则认为，中等程度的市场竞争最有利于技术创新，即随着市场竞争的增强，创新水平先上升后下降，呈现出一种倒U型的关系。

国内外众多学者对市场结构与技术创新的关系进行了大量的实证检验，也没有获得一致的结论。

Rosenberg（1976）运用1960年财富500强企业数据研究发现，市场集中度对企业研发人员强度有显著正影响，Horowitz（1962）利用美国产业数据研究发现，四厂商集中度与企业研发强度有较弱的正向关系，Philips（1966）运用美国11个产业的企业数据，研究发现，在控制了企业增加值和技术机会等变量后，市场集中度对企业研发强度存在着不显著的正影响。Shrieves（1978）运用美国企业数据考察了市场集中度与企业研发人员的关系，研究发现，在原料品和消费品产业中二者呈显著正向关系，在非专用耐用品产业中二者呈不显著正向关系，而在专用耐用设备产业中二者呈负向关系。Scherer（1967）运用58个美国制造产业数据，研究发现，在控制了企业技术机会和产品特征等变量后，企业研发强度与四厂商集中度呈显著的正向关系；当进一步在模型中加入市场集中度的平方项后，企业研发强度与市场集中度呈一种倒U型关系，且市场集中度在50%～55%时企业研发强度最高。

Kelly（1970）运用美国企业数据研究发现，企业研发强度与四厂商集中度呈显著的倒U型关系，且市场集中度在50%～60%时企业研发强度最大，但是当加入了技术机会变量时市场集中度对企业研发强度的影响就不再显著。

国内的聂辉华等（2008）利用中国规模以上工业企业微观面板数据考察了影

响中国企业技术创新的因素，研究发现企业创新与市场竞争呈倒U型关系，即一定程度的市场竞争有利于促进企业创新。

朱恒鹏（2007）使用中国10个省市800余家民营企业的调查数据，研究发现民营企业拥有一定程度的市场力量有利于提升企业研发强度和增加企业自主创新比重，但是随着企业市场力量的提高，市场力量对企业研发强度的促进作用会逐步降低。

陈林和朱卫平（2011）运用中国企业层面数据，研究发现在国有经济所占比重大的行政进入壁垒产业中，企业创新水平与市场结构之间呈显著U型关系，而在国有经济所占比重小的自由市场产业中，企业创新水平与市场结构之间呈显著倒U型关系。

三、企业出口的影响

传统贸易理论认为，技术差异是引发出口贸易的重要因素之一，新贸易理论则强调出口贸易反过来可以促进企业技术创新，尤其是对发展中国家来说，企业参与出口是获得国际间技术溢出的重要途径之一。

Krugman（1997）从需求角度分析了全球经济一体化对企业技术创新的影响，认为出口可以拓展企业市场规模，给企业生产经营带来规模经济效应，进而通过提高创新收益而促进企业技术创新；同时，国家之间的技术差距会因技术的扩散而逐步减小，先行创新国家也会因来自出口市场的竞争压力而进行新一轮的技术创新，从而企业出口与技术创新之间可以达到一种相互促进的关系。

Grossman和Helpman（1991）认为，人力资本是技术创新的重要投入要素，如果一国长期出口人力资本密集型产品，将导致该国人力资本成本上涨，提高企业技术创新的投入成本，从而对企业技术创新活动产生一定的抑制效应，这种现象通常容易出现在发达国家中；他们同时认为，企业出口产品时一般会获得国外销售商或消费者对产品本身或生产工艺的建议，从而促进出口企业的技术创新，这一点对发展中国家来说更为重要。

Feder（1983）构建了包括出口部门和非出口部门的两部门模型，认为出口部门会对非出口部门产生水平技术溢出效应，从而促进非出口部门的技术创新，进而提升整个经济系统的技术创新水平。

巫强（2007）研究了技术贸易壁垒对出口企业被动创新的影响，认为当创新的预期收益超过研发投入成本时，出口企业就会进行技术创新应对国外技术性贸易政策，同时，进口国技术性贸易政策越宽松，出口企业的初始产品质量越高，出口企业的产品定价能力越强，越有利于促进出口企业的被动技术创新。

从理论分析中可以发现出口贸易主要通过竞争促进效应和出口学习效应两种

渠道来促进企业技术创新，众多学者对这一问题进行了大量实证检验，但是所得结论并不一致。

Licht 和 Zoz（1998）考察了生产地分别在德国、欧洲和美国的德国企业，研究发现，企业在一国出口量越多，则在该国的专利申请数量越多。

Gorodnichenko 等（2008）考察了 27 个转型国家的企业调研数据，研究发现出口显著促进了企业产品创新，而且国际竞争和国内竞争对企业创新具有不同影响，前者能产生促进作用，而后者则产生阻碍作用。

Ebling 和 Janz（1999）运用德国服务业企业数据考察了企业出口和创新之间的关系，研究发现，创新显著促进了企业出口，但出口对企业创新却没有显著影响。

李正卫和池仁勇（2010）运用浙江省高技术产业中的企业调查数据考察了不同类型产品出口对企业自主研发投资的影响，研究发现，高技术产品出口对企业自主研发投资产生了积极影响，但传统产品出口对企业自主研发投资却有显著的负面影响。

康志勇（2011）运用我国制造业企业微观数据实证研究了出口贸易对企业自主创新的影响，研究发现，出口对大规模企业自主创新产生了显著促进作用，而对小规模企业自主创新产生了抑制作用。

赵伟等（2012）运用中国企业微观数据，研究发现，出口参与显著提高了所有类型企业的创新倾向，在国有和民营企业中出口密集度与技术创新之间呈明显的倒 U 型关系，而在外资企业中这种非线性关系并不明显。

四、金融发展的影响

熊彼特早在 1912 年就在其经典著作《经济发展理论》一书中指出了金融对企业技术创新的促进作用，认为英国工业革命的成功离不开金融体系的不断创新和变革，功能完善的金融市场可以有效提升金融资源的配置效率，有力地支持企业通过引入新技术和新产品来提升生产效率、技术创新。随后国外学者主要从两个角度对金融与技术创新之间的关系进行了理论研究，一是从金融结构角度研究了不同金融安排对企业技术创新的促进作用，二是从金融功能角度研究了金融对企业技术创新的作用机理。

（一）金融结构角度

Gerschenkron（1962）认为，银行能够运用自身的业务规模和内部规则对企业的研发创新行为提供有效的金融支持，尤其是国家控股银行可以克服“市场失灵”现象，把国内储蓄配置到外部性较强的公共基础设施及战略性产业中，从而有效激励企业进行技术创新。

Rajan（1992）认为，垄断性的银行体系会运用自己在信贷市场中的优势地位掠夺企业技术创新的收益，反而给企业的技术创新活动带来负面影响。

Boot 和 Thakor（2000）认为，银行具有天然的风险谨慎性，对于高技术、高风险的创新活动具有内生性规避动机，因而不能有效地支持企业技术创新。

Allen 和 Gale（2000）认为，资本市场能够弥补商业银行的不足，把金融资源配置到创新型企业中，因而资本市场更有利于高风险的技术创新活动，尤其是信息缺乏的产业通过资本市场融资更有效率。

Macey 和 Miller（1997）认为，股票市场是一种长期的收益索取权，反映的是如何最大化企业的发展潜力，因而高技术、高风险及高发展潜力的企业更适合从股票市场融资。

（二）金融功能角度

Levine（1997）从金融功能的角度解释了金融对企业技术创新的影响，认为金融结构差异对企业技术创新的促进作用并不重要，最为重要的问题是金融体系一定要有改善信息披露和降低交易成本的核心功能。

Allen 和 Gale（2000）认为，金融体系是复杂的，金融市场和中介均具有各自的优缺点，哪一种金融安排更能促进企业技术创新，不仅与企业自身特质和创新文化有关，而且要求企业与金融市场参与者的共同行为特征相匹配。

Blackburn 和 Hung（1998）从融资功能的角度分析了金融对企业技术创新的影响，认为不完善的金融体系使得企业技术创新活动难以筹集足够的外部资金，金融发展缓解了企业融资约束，有利于新技术的采用，促进了知识和技术密集产业的发展。

King 和 Levine（1993）认为，金融体系不仅给企业技术创新活动提供了资金支持，而且使得投资者和企业家共同承担了技术创新的风险，因而金融体系具备的这种风险分散功能有利于促进企业技术创新。

关于金融发展对企业技术创新的作用，国内外学者也相应进行了一些实证研究。

Rajan 和 Zingales（1998）考察了 42 个国家的 36 个制造业产业的面板数据，研究发现，金融发展降低了外部融资的交易成本，从而促进了高技术创新产业的增长。

Beck 和 Levine（2002）考察了 65 个国家的产业面板数据，发现金融发展能有效推动研发强度高和外部融资依赖强的产业的增长。

解维敏和方红星（2011）以中国上市公司数据考察了地区金融发展对企业研发投入的影响，研究发现，银行业市场化改革的推进和地区金融发展积极地促进了我国上市公司的研发投资，且这种促进效应在小规模企业和私有产权控制的企业中更为明显，同时政府干预会削弱金融发展对企业研发投资的促进效应。

余利丰等（2011）运用中国省级面板数据考察了金融发展与技术效率和技术进步之间的关系，研究发现，金融发展能促进全要素生产率的提升，但金融深化和金融中介垄断都对技术效率的提高有不利影响，金融深化能够通过推动技术进步而提升全要素生产率，而金融中介垄断则不利于促进技术进步。

齐俊妍等（2011）认为，企业出口产品技术复杂度越高，创新和生产过程中的风险越大，逆向选择问题就会越突出，金融发展则可以通过处理市场逆向选择问题而促使一国专业化从事高技术复杂度的产品生产，进而提升一国总体出口产品技术复杂度，并采用跨国面板数据实证研究发现，金融发展确实能显著提升一国出口产品技术复杂度。

五、外商直接投资（FDI）的影响

FDI 技术溢出效应的研究始于 20 世纪 60 年代，MacDougall（1960）在研究 FDI 的一般福利效应时，首次把国际之间的技术溢出效应视为 FDI 中的一个重要现象。

Caves（1996）认为，国际上的技术扩散尽管可以通过国际贸易、技术合作或援助等途径实现，但对发展中国家来说，FDI 是一种最有吸引力的途径，FDI 可以使得发展中国家获得其他途径难以获得的技术转移。

众多学者（Caves，1971；Kokko，1994；Wang 和 Blomstrom，1992；Gerschenberg，1987）认为，FDI 一般会通过三种传导途径影响东道国同行业企业的技术创新：一是竞争促进效应，即外资企业的进入提高了国内市场的竞争程度，这将导致本国企业为了提高市场竞争力而必须加大研发投入，加速生产技术和设备的更新换代，从而促进了企业技术创新；二是示范模仿效应，即国内企业可以通过对外资企业新技术、新产品及生产工艺的模仿和学习，提升企业自身的技术创新水平；三是人力资本的培训流动效应，指外资企业对当地研发、管理人才的培训投入提升了当地人力资本存量，当这些人力资本由外资企业流动到国内企业时，由此带来的先进生产技术和管理经验就可以有效提升国内企业技术创新水平。

理论上普遍认为，FDI 对东道国企业产生技术溢出效应，学者们用不同国家数据进行了大量实证研究，得出的结论却并不一致。

Caves（1974）较早地对 FDI 的技术溢出效应进行了实证研究，他运用澳大利亚制造业行业数据，研究发现，外资确实对东道国同行业的劳动生产率有显著的积极影响，Globerman（1979）利用加拿大制造业横截面数据发现了 FDI 的正向溢出效应。

Kokko（1994）利用企业数据考察了技术差距对 FDI 技术溢出效应的影响，研究发现，国内企业与外资企业之间的技术水平差距越小，FDI 的技术溢出效应就越大，而且市场竞争越激烈越有利于产生技术溢出。

何洁（2000）运用我国省级面板数据考察了 FDI 对中国工业部门的技术溢出效应，研究发现，FDI 对我国工业部门产生了一定的正向技术溢出效应，但是这种效应存在一种明显的门槛特征，即只有地区经济发展水平达到一定程度后，FDI 的技术溢出效应才会较为显著。

Girma 等（2001）运用英国制造业企业面板数据比较分析了不同国家 FDI 的技术溢出效应，研究发现，FDI 因来源国家不同产生了不同的技术溢出效应，其中日本企业的技术溢出效应最为显著，而美国企业的技术溢出效应则相对较小。

Kathuria（1998）考察了 FDI 对印度制造业的技术溢出效应，研究发现，FDI 缩小了印度与国外之间的生产率水平差距，FDI 对印度本土制造业产生了间接的正向技术溢出，但这种效应仅存在于造纸业和金属加工业等技术含量较低的产业。

姚洋和章奇（2001）运用企业横截面数据考察了 FDI 对国内企业的影响，研究发现，外资企业的生产效率高于国内企业，FDI 的技术溢出效应主要产生在一省内部，而行业内部的技术溢出效应并不显著。

Haddad 和 Harrison（1993）考察了 FDI 对摩洛哥企业的技术溢出效应，研究发现，FDI 对摩洛哥本土企业的生产效率并没有产生显著影响，他们认为这是因为摩洛哥企业与外资企业之间的技术差距过大而抑制了 FDI 技术溢出效应的产生。

Aitken 和 Harrison（1999）考察了委内瑞拉制造业企业面板数据，研究发现，尽管合资企业中外资比例越大企业生产率越高，但这种 FDI 带来的效率提高并没有外溢到本土企业中，FDI 对本土企业的生产效率反而产生了负向溢出效应。

张海洋（2005）运用中国工业行业数据考察了 FDI 对内资工业部门的影响，研究发现，在控制自主研发的条件下，FDI 并没有显著提升内资工业部门的生产效率，FDI 产生的负向竞争效应阻碍了内资部门技术效率的提升，尤其是高技术行业，由于自身研发吸收能力较弱，内资部门不仅没有获得正向的技术溢出，反而呈现出明显的逆向技术扩散。

六、知识产权保护的影响

Arrow（1962）认为，知识产品具有非竞争性和非排他性的公共物品属性，从社会总体福利的角度看，新知识应该无偿为公众所使用，以提高社会知识资本存量的积累速度，使得新知识获得最优利用，但这样却不能为研发投资提供激励，会导致技术创新活动的“市场失灵”现象，由此开启了学者们对知识产权保护的研究。

Nordhaus（1969）在此基础上，分析了专利保护制度对私人与社会的成本和收益的影响，并从社会总福利的角度研究了专利的最优保护期限，认为延长专利保护期限有利于激励企业技术创新，但会产生垄断低效率的负面效应。

Segerstrom（1991）最早建立了南北框架下的动态一般均衡模型，在该模型中，北方国家延长专利保护期限并不必然导致研发投资的增加，其原因在于，更长的专利保护期限虽然提高了研发的投资收益，但也可能因为维持原有专利产品而占用了过多的资源，从而降低了对当前研发活动的投资。

Helpman（1993）建立了一个关于创新、模仿和知识产权保护的理论模型，他认为在南方国家加强知识产权保护的条件下，北方国家的技术创新活动在开始时是上升的，但之后会逐步下降，这是因为知识产权保护使得北方国家人为地延长了产品生命周期。

Horii 和 Iwaisako（2007）建立了一个质量阶梯模型，他们指出，尽管加强知识产权保护能有效降低模仿，提升技术创新的收益，但过强的知识产权保护力度将会导致市场垄断和竞争减少，而自由竞争比垄断更有利于促进创新，因而过强的知识产权保护力度反而不利于技术创新，他们由此认为技术创新与知识产权保护之间呈一种倒 U 型关系。

关于知识产权保护与技术创新之间的关系，国内外学者也进行了大量实证研究，但是结论并不一致。

Taylor 和 Siberston（1973）运用英国企业数据考察了专利期限对企业研发预算的影响，研究发现，如果没有有效的专利保护，企业研发预算会显著下降，且这种影响在化学制品和制药行业中更为明显。

Kanwar 和 Evenson（2003）利用跨国面板数据研究发现，更高的知识产权保护力度有利于促进企业技术创新。

胡凯等（2012）运用中国省级面板数据考察了知识产权保护对企业技术创新的影响，研究发现，提高知识产权保护力度能够有效促进企业技术创新，在我国大部分地区已经越过了知识产权保护力度的门槛值，因而加强知识产权保护并不会抑制企业技术创新。

Schneider（2005）运用包含发达国家和发展中国家的跨国面板数据研究发现，加强知识产权保护对发达国家技术创新的促进效应显著大于发展中国家。

Branstetter 等（2006）利用多个发展中国家的企业面板数据，研究发现，加强知识产权保护对发展中国家的技术创新并没有产生显著影响。

Allred 和 Park（2007）研究发现，在发达国家中技术创新与知识产权保护力度之间呈一种倒 U 型关系，而在发展中国家加强知识产权保护会抑制企业技术创新。

张杰和芦哲（2012）运用中国工业企业数据考察了知识产权保护对企业研发投入的影响，研究发现，在总体上我国企业研发投入与知识产权保护力度之间呈倒 U 型关系，面临不断提高的知识产权保护力度时我国国有企业和民营企业的研发行为存在明显差异，其中国有企业倾向于增加研发经费投入，而民营企业则倾向于减少研发经费投入。

第四节 政府资助与企业技术创新关系的研究

一、政府资助与企业技术创新的理论研究

Arrow（1962）最早提出了企业技术创新的外部性理论，认为企业的研发投资活动具有公共物品属性，这将导致投资者无法获得全部研发收益，如果将研发活动完全由市场配置，由企业自主进行研发投资，就会产生技术创新活动的“市场失灵”现象，从而导致经济发展中研发资源的投入不足，低于社会最优水平。在这种情况下，如果政府对企业研发创新活动进行资助，就可以有效降低企业的研发成本和风险，从而缩小企业研发创新活动中社会收益与私人收益之间的差距，那么政府资助就可以促进企业研发投资，纠正技术创新活动的“市场失灵”现象（Yager 和 Schmidt，1997；Jones 和 Williams，1998）。

为了缓解技术创新活动的“市场失灵”问题，知识产权保护和企业合作研发通常也被用来促进企业技术创新。对企业创新成果进行一定时期的知识产权保护能够在一定程度上将技术创新的外部效应内部化，从而有效提升企业技术创新的收益和激励企业研发投资。然而创新技术的知识产权保护在一定程度上将会阻碍新技术的扩散，从而降低社会的总体福利水平，因而与政府资助相比是一个次优选择（Arrow，1962），而且知识产权保护也不可能完全阻止创新技术的外溢（Mansfield，1985）。

D'Aspremont 和 Jacquemin（1988）构建了一个存在双向技术溢出的双寡头理论模型，比较分析了竞争型和合作型两种研发模式对企业研发投资与研发产出的影响，研究结果表明，技术溢出效应会使得竞争型研发模式存在研发投资不足的问题，而合作型研发模式能使研发投资的外部效应内部化，这在一定程度上可以缓解由技术外部效应导致的研发投资不足问题，但是仍然达不到社会总体福利最大化时的最优研发投资数额，因此政府应当对企业的技术创新活动进行资助。

Martin（1995）认为，与知识产权保护和企业合作研发两种创新激励措施相比，政府资助政策的激励作用更为直接，而且资助引发的研发竞争能使得企业向社会提供更多和更新的技术。企业进行技术创新一般需要投入大量资金，且外部投资者难以获得企业研发项目的收益和风险等详细信息，导致企业在创新过程中往往因信息不对称而面临严重的融资约束问题。

Czarnitzki（2006）认为，在企业存在融资约束的情况下，政府资助作为扶持企业发展的重要手段，能够直接缓解企业融资约束问题以促进企业技术创新。

Kleer（2010）认为，政府资助是有选择的，并不是每一个企业都能获得资助，企业获得资助意味着政府对其研发项目的肯定，因而政府资助具有一种信号传递作用，有利于企业缓解融资中的信息不对称问题而获得更多外部投资，从而有效激励企业进行技术创新活动。

一些学者进一步比较分析了政府资助方式不同对企业技术创新的影响。

生延超（2008）构建了一个三阶段博弈模型，比较分析了创新投入补贴和创新产品补贴两种补贴方式对企业技术联盟创新的影响，研究发现，政府对技术联盟的补贴能有效促进企业研发投入，且创新产品补贴方式比创新投入补贴方式更为有效，能促使企业以相同的创新投入获得更多的产品、利润及社会福利。

林承亮和许为民（2012）构建了一个古诺竞争博弈模型，比较分析了在技术外部性背景下政府研发补贴和产品补贴两种补贴方式对企业创新投入的影响，研究结果表明政府研发补贴方式要明显优于产品补贴方式，其主要原因在于政府按照企业研发投入实施补贴不会遏制其他企业的研发投入，而在产品补贴方式下普遍存在这种遏制效应，且在多数情况下，对企业普遍实施补贴比对其中部分企业实施补贴更有利于提升企业研发投资积极性。

肖兴志和王伊攀（2013）构建了一个三阶段博弈模型，分别考察了政府研发补贴和产品补贴两种补贴方式对企业研发竞争格局的影响，研究结果表明，研发补贴不会影响传统产业企业和新兴产业企业之间的市场份额，但能促进两类企业提高研发投入；产品补贴对两类企业的市场份额均能产生影响，产品补贴能提升传统产业的研发投入，但会降低新兴产业的研发投入。

王宇和刘志彪（2013）在一般均衡分析框架下建立了特定要素模型，分析了不同方式的政府补贴对新兴产业和传统产业发展的影响，研究结果表明，如果产业之间存在双向技术溢出时，产品补贴在促进新兴产业短期增长的同时会冲击传统产业，且新兴产业的增长效应不具有持续性，在长期中会阻碍整体经济的技术进步；政府研发补贴的效果依赖于各产业的技术外溢特征，当该产业研发活动仅能促进本产业技术进步时，研发补贴在促进该产业发展的同时会阻碍其他产业，而如果该产业研发活动对所有产业均能产生很强的技术外溢效应时，政府研发补贴可以促进包括该产业在内的所有产业均衡发展。

还有一些学者对政府研发资助的有效性提出了不同看法。

Cohen 和 Levinthal（1989）认为，企业并不容易吸收其他企业的新技术，除非模仿企业为吸收新技术而进行必要的研发投资，与模仿相关的成本投入能够降低技术创新“市场失灵”的程度，而且专利保护和技术保密也能阻止新技术的扩散，因而企业研发创新活动并不是完全的公共品，其技术的外溢效应也非常有限，这表明企业的技术创新并不一定需要政府资助来激励。

Goolsbee（1998）认为，政府资助会增加市场对研发资源的需求并提升研发要素价格，比如研发人员工资上涨、研发设备和原材料价格上升，使得企业因研发成本提高而转向其他盈利项目，从而政府资助会降低企业研发投入。

David 和 Hall（2000）认为，政府资助的最主要结果就是提升了研发人员工资水平，在这种情况下，由于价格机制的作用有可能表面上企业研发投入规模上升，但研发成本上升之后的实际研发投入反而减少了。

Mukoyama（2003）认为政府和企业之间信息对称的条件下政府补贴效率较高，而信息不对称的条件下政府补贴会挤出企业研发投资。

安同良等（2009）也认为，由于信息不对称，经常存在企业向政府传递虚假创新信号来获取研发补贴的现象，他们构建了一个动态不对称信息博弈模型，研究了企业获取研发补贴的对策性行为以及研发补贴的促进效应，研究发现，当政府和企业之间存在不对称信息，并且用来原始创新的专用性人力资本成本过于低廉时，政府用来促进原始创新的研发补贴将会对企业产生逆向激励效应。

高宏伟（2011）构建了一个博弈模型，分析了政府补贴对大型国有企业研发投资的影响，研究结果表明，政府补贴过多和政府当前补贴结构均会挤出企业研发投资，且政府产品补贴对不同类型国企研发投资的挤出效应存在明显差异性，政府通过减少产品补贴能促进制造型和服务型国企研发投资，但对研发型国企的效果并不明显。

陈林和朱卫平（2008）构建了一个南北间的古诺博弈模型，研究了创新激励政策的有效性，研究结果表明，只有在一定劳动力资源禀赋结构和劳动力市场环境的条件下，发展中国家降低低技术产品出口退税和提高创新补贴才能有效激励本国创新产出；当本国教育系统培养的高技术劳动力供不应求时，政府减少低技术产品出口退税和提高创新补贴均不能有效激励企业创新，因而从长期看，一国的创新产出取决于该国的国民教育水平和劳动力资源素质。

二、政府资助与企业技术创新的实证研究

（一）国外实证研究

Levy 和 Terleckyj（1983）采用美国国家科学基金会（NSF）1949 ~ 1981 年

的时间序列数据，从国家层面上考察了政府不同形式的研发资助对全国企业研发支出的影响，研究发现，NSF 合同研发资助与企业研发支出显著正相关，政府每增加 1 美元合同研发资助能促进企业新增 27 美分研发投入，而其他资助形式在当期并不能显著促进企业研发支出。

Mansfield 和 Switzer（1984）通过与企业研发人员面谈收集了 25 家美国企业数据，考察了政府科技资助对企业研发投资的影响，研究发现，联邦政府增加或减少科技资助对企业研发投资会产生不同影响，联邦政府资助企业 1 美元，企业在开始两年中将增加研发投资 6 美分，但在第三年中没有反应；而联邦政府减少 1 美元资助，在开始两年里企业将减少研发投资 25 美分，在第三年中又会减少 19 美分，总体而言，政府科技资助与企业研发投资之间是一种互补关系。

Guellec 和 Pottelsberghe（1997）采用 17 个 OECD 国家（1981 ~ 1996 年）数据考察了政府不同形式的研发资助对企业研发投资的影响，研究发现，政府对企业财政直接资助和税收优惠政策均能促进企业研发投资，政府资助企业 1 美元，企业自身将增加 0.7 美元的研发投资，且政府财政资助和税收优惠政策对企业研发投资的促进作用是相互替代的；这种促进效应与政府对企业研发的资助率之间呈明显的倒 U 型关系，即这种促进效应随着政府资助率提高而上升，当到达一个临界点后这种促进效应将随政府资助率提高而下降，当这个政府资助率继续提高超过一定程度后，政府资助将对企业研发投资产生挤出效应。

Görg 和 Strobl（2007）采用爱尔兰制造业企业数据研究发现，政府小额适度补贴能够促进企业研发投资，但补贴过多则会挤出企业研发投资。

Czarnitzki 和 Toole（2007）采用德国制造业企业数据考察了产品市场不确定性和政府研发补贴对企业研发投资的影响，研究发现，产品市场的不确定性会阻碍企业研发投资，而政府研发补贴能通过降低产品市场的不确定性以促进企业研发投资。Bérubé 和 Mohnen（2009）采用加拿大企业数据运用非参数匹配估计方法，考察了政府研发补贴对已获得研发税收抵扣企业的研发产出的影响，研究发现，政府研发补贴显著提高了企业研发产出，具体表现为获得补贴的企业引入了更多的新产品、开发了更多世界领先的产品创新以及更成功地商业化了它们的创新成果。

但是也有一些学者研究发现，政府资助会在一定情况下对企业研发投资产生替代效应。

Lichtenberg（1984）采用美国产业层面数据考察了政府公共研发投资对企业研发投资的影响，他把企业研发投资变化作为因变量，对当期和滞后期的联邦政府研发投资的变化进行回归分析，并在计量模型中加入产业和时间控制变量，研究发现，联邦政府每增加 1 美元研发投资，企业自身会相应减少 8 美分的研发投资，表明政府公共研发投资对企业研发投资会产生挤出效应。

Mamuneas 和 Nadiri（1996）采用美国 15 个制造业行业数据考察了政府公共资助研发与企业研发投资的关系，研究发现，政府公共资助研发会挤出企业研发投资，且这种挤出效应因产业不同而呈现出明显差异性，其中在低技术密集型行业政府公共资助研发对企业研发投资的挤出效应较强，而在高技术密集型行业政府公共资助研发对企业研发投资的挤出效应较弱。

Lach（2002）采用以色列制造业 1990～1995 年的企业数据考察了政府补贴对不同规模的企业研发投资的影响，研究发现，当期政府补贴挤出了企业研发投资，而滞后一期的政府补贴则促进了企业研发投资，总体来看，政府补贴对小规模企业研发投资具有显著的激励效应，而对大规模企业研发投资则有不显著的替代效应。他同时指出，由于大多数的政府补贴流向了大规模企业，因而政府补贴对企业研发投资的激励作用并不是很明显。

Link（1982）采用美国制造业企业数据考察了政府资助对企业研发投入的影响，研究发现，政府资助提升了企业总的研发密集度，在将企业研发投入划分为基础研究、应用研究及发展研究时，发现政府资助提升了企业发展研究密集度，对企业应用研究密集度不产生显著影响，但却降低了企业基础研究密集度。

Clausen（2009）采用挪威企业数据考察了政府不同阶段资助对企业研发投入的影响，研究发现，政府的研究阶段资助对企业研发投入具有显著促进效应，但开发阶段资助对企业研发投入则具有替代效应。

（二）国内实证研究

朱平芳和徐伟民（2003）采用上海市大中型工业企业的行业面板数据考察了政府科技激励政策对企业自筹研发投入及其专利产出的影响，研究发现，政府直接资助和税收优惠均能显著促进企业自筹研发投入，并且两种政策工具具有互补性，加大一种政策工具的使用力度也会增强另一种的效果，且这个促进效应以政府税收优惠为主；企业中不同来源的研发资金对企业专利产出存在显著差异性，其中企业自筹研发投入和金融机构贷款能显著提高企业专利产出水平，但政府直接资助对企业专利产出却没有产生显著影响。

白俊红（2011）采用中国大中型工业企业分行业数据考察了政府资助对企业技术创新的影响，研究发现，政府资助对企业研发投资具有明显的促进作用，并且显著提升了企业的专利产出和新产品销售收入，从而认为政府资助是必要和有效的。李瑞茜和白俊红（2013）在白俊红（2011）的研究基础上，进一步运用门槛面板回归模型考察了影响政府资助效果的企业规模等因素的门槛特征和门槛水平，研究发现，企业规模、技术水平和产权类型以及政府资助强度均与政府资助效果呈显著的倒 U 型关系，而企业绩效与政府资助效果具有单调正相关关系。

李平和王春晖（2010）采用中国大中型工业企业的行业面板数据考察了政府资助的有效性及其行业差异，研究发现，我国政府资助有效提升了企业研发动机，并没有挤出企业自身研发投入；政府资助促进效应存在显著的行业差异性，在技术密集行业中促进效应最显著，其次是资本密集和资源密集行业，而在劳动密集行业中则促进效应不显著，同时各行业中的最优政府资助强度也存在着明显差异性。

高艳慧等（2012）认为，政府对企业进行研发补贴前会收集和分析企业相关信息，因而政府补贴给企业带来直接现金收益的同时，也向市场传递了企业研发投资具有重大价值的信号，作者采用我国高技术产业面板数据考察了政府补贴对企业研发融资约束的影响，研究发现，政府补贴的信号传递作用确实能促进企业获得更多的金融机构贷款，且政府补贴的这种促进效应在非国有企业和市场化程度较低的地方更为明显。

李玲和陶厚永（2013）采用深圳证券交易所上市公司数据考察了政府补贴对企业自主创新的影响，研究发现，政府补贴显著提升了民营企业的自主创新投入和创新绩效，但对国有企业的自主创新投入和创新绩效均没有产生显著影响。

郭晓丹等（2011）采用中国战略性新兴产业上市公司面板数据考察了政府补贴对企业研发投入和研发成果的影响，研究发现，虽然政府补贴没有直接提升企业研发投入，但企业在政府补贴的影响下获得了更多的专利产出，表明政府补贴能够提升企业研发创新的积极性，为企业指明技术攻关方向，促进企业产品研发和扩大企业技术基础，有效提升企业研发创新的效率。

也有一些学者对政府资助的有效性有不同研究结论。许治和师萍（2005）分析了我国 1990 ~ 2000 年政府科技资助对企业研发支出的影响，研究发现，政府对国有科研机构的科技资助对企业研发投资具有促进效应，但是，政府对企业和高校的科技资助对企业研发投资具有挤出效应。

姜宁和黄万（2010）采用中国高技术产业面板数据考察了政府补贴对企业研发投入的影响，研究发现，政府补贴对医药制造业、医疗设备及仪器仪表制造业企业的研发投资具有促进效应，对电子及通信设备制造业、计算机及办公设备制造业企业的研发投资影响不显著，而对航空航天器制造业企业的研发投资则具有挤出效应。

江静（2011）采用全国第一次经济普查企业数据考察了我国政府直接补贴和税收优惠两种政府公共政策对企业技术创新的影响，研究发现，政府直接补贴显著提高了内资企业研发强度，税收优惠政策则对港澳台企业的研发投资有着较强的激励作用，而政府直接补贴对港澳台和外资企业研发投资具有明显的挤出效应。

综上所述，可以看出自从 Arrow（1962）提出企业技术创新的外部性理论之后，国内外学者对政府资助与企业技术创新的关系进行了大量的理论和实证研究，其中大部分理论研究均认为政府资助能够激励企业技术创新，但在实证研究中并没有得出一致的结论，主要表现为政府资助具有促进效应还是挤出效应的争论，以及政府资助效果会因资助强度及企业自身特征等因素表现出的差异性问题。国外研究大多集中于发达国家企业而较少关注中国等发展中国家，而我国的政府资助强度和企业技术水平与发达国家相比存在较大的差异性，因此，国外研究结论往往难以直接指导我国政策制定。国内研究大多利用我国省级或行业的宏观数据分析政府资助的效果，而宏观数据由于无法区分企业自身特征会导致研究结论难以深化，因此对政府资助效果的深入研究应该建立在大样本的企业微观数据基础上。

第三章 政府资助与企业技术创新的理论分析

第一节 技术创新的特征

新古典经济学基于完全竞争的假设条件，认为市场经济机制能够在自发运行的过程中仅依赖自身力量的调节作用就可以使得社会中拥有的各种资源得到充分合理的利用，从而达到社会资源的有效配置状态。然而，完全竞争只是一种理想假设，现实经济状态与完全竞争市场相差甚远，从而自由放任基础之上的市场经济机制并不能充分发挥作用以有效配置社会资源，这是市场经济自身所无法处理的问题，即“市场失灵”问题。经济学中一般认为“市场失灵”的原因主要有以下几个方面：①公共产品；②外部性影响；③不完全竞争；④不完全信息。技术创新活动作为市场经济中的一般经济行为，同样具有公共产品、外部性、不确定性及不完全信息等特征，因而企业技术创新也会存在“市场失灵”问题，这为政府干预企业技术创新提供了理论依据。接下来我们对技术创新的特征分别进行详细分析，从而表明政府干预企业技术创新活动的必要性。

一、技术创新的公共产品特征

美国经济学家萨缪尔森（Paul Samuelson）在1954年发表的《公共支出的纯粹理论》一文中首次将社会中的物品划分为公共产品和私人产品两类，其中公共产品与私人产品相比具有收益的非排他性和消费的非竞争性两个典型特征。所谓收益的非排他性是指只要社会中有人提供了公共产品，无论提供者的意愿如何都无法排除社会中其他人对该产品的消费，对公共产品的供给未支付费用的人与支付费用的人一样能够获得公共产品所带来的收益；消费的非竞争性指社会中一个人对公共产品的消费不会影响其他人从消费该公共产品中所获得的效用，即增加一个该公共产品的消费者不会引起产品成本的任何增加，但这并不表明社会中多提供一单位公共产品的边际成本也为零。由于提供公共产品同样需要耗费资源，因而多提供一单位公共产品的边际成本与私人产品一样也是大于零的。对私人产品而言，每个消费者的需求量不同但所支付的产品价格相同，私人产品社会总需求曲线如图3－1（a）所示是单个消费者需求曲线的横向加总；对公共产品而言，每个消费者的需求量相同但是意愿产品价格不相同，公共产品社会总需求曲线如图3－1（b）所示是单个消费者需求曲线的纵向加总。现实经济中纯粹的公共产品较少，但经济中存在大量的介于公共产品和私人产品之间的准公共产品，即只具有纯粹公共产品部分特征的产品。

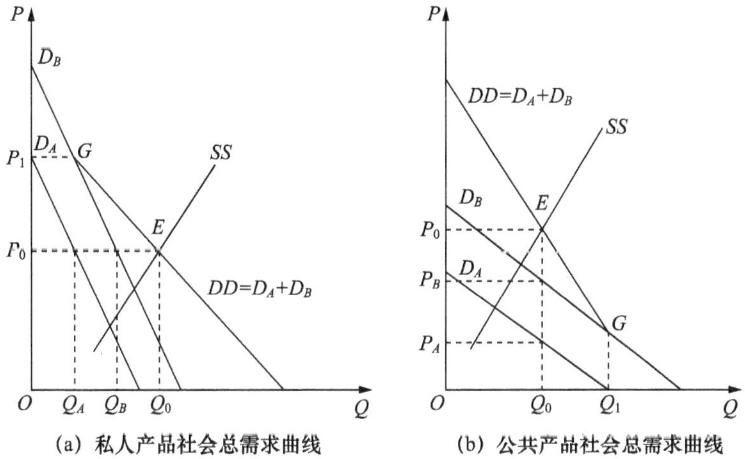

图3－1　私人产品和公共产品需求曲线

数据来源：高鸿业．西方经济学［M］．北京：中国人民大学出版社，2007.

从经济学上的意义看，技术创新活动也是一个投入资源和获得产出成果的过程，其中，投入资源是指企业为从事技术创新而进行必要的物质资本和人力资本投入，这个资源投入过程与普通产品生产并没有太大区别；技术创新的产出成果与普通产品生产存在根本性差异，其主要以论文、专著、专利、工艺、配方、试验产品等知识形式为表现形式，而不是以物质产品形式为表现形式，即技术创新活动的产出是科学技术知识产品，而知识产品已经被公认为是具有或者部分具有公共产品的特征。

首先，知识产品在使用方面具有非竞争性特征，其原因在于知识产品作为一种信息是能够不限次数重复使用的，任意一个消费者对知识产品的使用并不会影响其他消费者对此知识产品的使用，而且消费者对知识产品的使用不仅不会导致知识损耗，还有可能会因为知识在消费者之间的广泛传播而增加知识产出。其次，知识产品具有或者部分具有非排他性特征，其原因在于知识产品一旦在社会中生产出来，其生产者很难将创新成果全部据为己有，社会中其他消费者均能够使用该项知识产品，在不考虑知识产权保护的条件下，复制和使用该项知识产品的成本远远低于其生产成本，从而知识产品的高度溢出效应使得其排他成本极高；知识产权保护制度尽管能部分地确定知识产品的产权，通过降低排他成本而在一定程度上解决技术创新活动的"搭便车"问题，但并非所有知识产品均能确定产权，即使能确立产权也难以避免模仿创新等形式的技术外溢，这表明知识产品至少具有部分的非排他性。

二、技术创新的外部性特征

外部性又称为外部效应，是指社会中一个经济主体的行为对其他经济主体的福利所产生的外部影响，而产生这种外部影响的经济主体却没有为此付出成本或因此而获得补偿。外部性分为正外部性和负外部性，其中正外部性是指一个经济主体的行为对自身外部产生了积极影响，引起其他经济主体的效用增加或者成本降低；负外部性是指一个经济主体的行为对外部产生了消极影响，引起了其他经济主体的效用减少或者成本上升。

技术创新活动的外部性主要表现为技术溢出效应，由于知识产品的公共产品特征，经济中一个企业往往可以在不通过市场交易支付相应成本的情况下获得其他企业的技术创新成果，提高本企业的知识资本存量，从而通过提升企业自身技术水平而获得收益。

企业之间产生技术溢出的途径主要有三方面（李平，1999）：

（1）示范模仿效应。同一产业中不同企业之间的技术水平往往存在一定差距，创新企业一般是新技术开发和应用的倡导者，其他企业可以直接模仿创新企业的技术，比如通过对创新企业产品的"逆向工程"而获取产品生产的关键技术，也可以从创新企业中获得启发而进行新的创新，专利制度尽管在一定程度上可以减小溢出效应，但是专利在过了保护期后市场中其他企业均可无偿使用，而且专利保护制度在执行时也存在极高的成本和难度。

（2）企业关联效应。一个在技术水平上有优势的企业与其供货商和客户发生联系时，这些企业的上游企业和下游企业均有可能从该企业中无偿获得先进的技术和工艺，比如企业为了改善原材料和中间品的质量，必须对供应商进行技术指导和人员培训，从而对供应商企业产生了技术溢出；而企业的创新产品往往可以直接提升企业客户的技术水平，比如新的计算机芯片技术提升了计算机运算速度，这将直接提升自动控制和通信等下游企业的技术水平。

（3）人员流动效应。研发人员作为技术创新活动的参与者而成为企业知识产品的载体，研发人员的流动使得新技术知识在企业之间流动，产生了技术外溢效应，比如在高科技云集的美国硅谷，一种新的半导体芯片面世后不久就会因为研发人员的交流和流动而成为半导体行业的一般性知识。

技术溢出效应不仅可以在同一行业中企业之间产生，也可以在不同行业的企业之间产生，以及通过外商直接投资和国际贸易等方式在不同国家的企业之间产生。由于技术外溢效应会影响其他企业的收益，这必然导致创新企业的私人收益和社会收益不同。Mansfield 等（1977）曾经考察了 17 个工业行业技术创新的社会收益率和私人收益率，研究发现，这些行业中技术创新的平均社会收益率为 56%，而平均私人收益率仅为 25%，且部分行业中的社会收益率和私人收益率差距悬殊，比如丝线行业、除污剂行业、化学产品行业的社会收益率分别为 307%、116% 和 71%，远远高于 27%、4% 和 9% 的私人收益率（见表 3－1）。尽管创新成果的技术溢出有利于增加总体社会收益，但创新企业并未从技术溢出中获得相应的收益，这使得企业获得的私人收益与社会收益之间产生了一定差距，从而引起“市场失灵”并导致企业创新水平低于社会最优水平，这就为政府干预企业技术创新活动而提供了理论依据。

表 3－1　工业技术创新的社会和私人收益率

创新类别	技术创新收益率（%）	
	社会收益率	私人收益率
初级金属	17	18
机床设备	83	35
控制系统组成	29	7
基建材料	96	9
钻孔材料	54	16
制图	92	47
造纸	82	42
丝线	307	27
门窗控制	27	37
新电子设备	负	负
化学产品	71	9
化学工艺（a）	32	25
化学工艺（b）	13	4

续表

创新类别	技术创新收益率（%）	
	社会收益率	私人收益率
主要化学工艺	56	31
家用清洁设备	209	214
除污剂	116	4
洗涤液	45	46
平均	56	25

数据来源：Mansfield E.，Rapoport J.，Romeo A.，et al. Social and private rates of return from industrial innovations［J］. The Quarterly Journal of Economics，1977，91（2）：221－240.

三、技术创新的不确定性特征

不确定性起初是概率论中的术语，是用随机事件或者随机变量表述的，其含义是指随机事件是否发生或者随机变量的取值在事先是无法预知的，而经济学中的不确定性是指经济行为者在自己的某项决策之前不能准确地知道该项决策所带来的结果，只要经济行为者的某项决策所带来的可能结果不止一种就会产生不确定性。技术创新是指企业家抓住市场的潜在盈利机会，以获取商业利益为目标，重新组织生产条件和要素，建立起效能更强、效率更高和费用更低的生产经营系统，从而推出新的产品、新的生产（工艺）方法，开辟新的市场，获得新的原材料或半成品供给来源或建立企业的新的组织，它是包括科技、组织、商业和金融等一系列活动的综合过程（傅家骥，1998）。从而技术创新活动的不确定性是指因企业所处外部环境的不确定性、所开展技术创新项目自身的难度和复杂度以及创新项目参与人员自身的素质和能力的局限性，使得企业的技术创新活动未达到预定目标的可能性。

Arrow（1962）认为，技术创新过程具有三个典型特征，分别是创新收益的非排他性、创新过程的不可分割性和创新结果的不确定性，其中不确定性特征贯穿于企业技术创新过程的每一个环节。一般认为，企业技术创新过程中的不确定性主要表现在技术开发的不确定性和市场经营的不确定性两方面：

（1）技术开发的不确定性。一项新技术从科学原理到完全适用于生产，中间要经历实验室样品、中试及产业化等多个复杂阶段，每一阶段都是在上一阶段所获成果的基础上进行的技术再完善，目的是使科学转化为可以用于生产的成熟技术，但企业在每一阶段中都有可能因自身科研力量和配套设施等因素导致技术开发失败。相关统计表明，企业技术开发在不同阶段表现出不同的风险水平，其中实验室样品阶段企业技术开发的成功概率一般低于25%，中试阶段企业技术开发的成功概率一般在25% ~50%，而产业化阶段企业技术开发的成功概率一般在50% ~70%。

（2）市场经营的不确定性。企业技术创新的目的是将新技术商业化获得利润，因而企业在获得技术开发成功的基础上还要接受市场需求的检验。首先，企业新产品进入市场后会面临消费者对新产品的认同问题，企业所生产新产品能否在预定时间和价格内为消费者所接受是无法确定的，比如圆珠笔从发明到商业化成功之间相隔了58年之久，又比如电动汽车尽管已经投入市场，但是距离被消费者广泛接受仍然相距甚远。其次，即使企业所生产新产品已经被消费者所认同，企业也无法确保有足够的市场规模和利润空间来收回技术创新所投入的成本，而且市场中其他企业的竞争和模仿会进一步压缩创新企业的利润水平，这将会进一步加剧企业技术创新活动的不确定性。创新的这种不确定性特征使得企业的技术创新活动存在较大的风险，这是单个企业所无法承受和努力规避的，将导致企业对技术创新的投入难以达到社会所期望的水平，从而需要政府干预企业技术创新活动，以降低企业技术创新过程中所面临的风险。

四、技术创新的信息不对称特征

信息不对称是指在市场经济活动中交易双方所拥有不同信息的一种状态，其中拥有信息优势的一方称为代理方，一般处于市场交易中的有利地位，而拥有信息劣势的一方称为委托方，一般处于市场交易中的不利地位。企业技术创新活动的产出是具有公共产品性质的科学技术知识，其技术水平和市场价值难以有效评估，同时技术创新又具有高度不确定性特征，这将导致企业内部和外部产生严重的信息不对称问题，与外部相比，企业更清楚自身的技术水平、努力程度和市场价值。

企业从事技术创新活动需要大量资金，企业创新资金来源通常有内部和外部两种融资渠道。其中，内部融资是指企业主要依靠自身现金流等方式从企业内部获得资金。外部融资则指企业主要依靠银行贷款等方式从企业外部获得资金，当企业因内部融资不足而需要进行外部融资时，由于技术创新活动中存在严重信息不对称问题，从而企业的外部融资成本就会高于内部融资成本，内部融资和外部融资并不能完全替代，这将会导致企业面临外部融资约束问题（Fazzari 等，1988）。

外部融资约束会抑制企业技术创新已经为学者所证实，韩剑和严兵（2013）研究发现，内部融资对企业研发投入的影响并不显著，企业研发活动更多地依赖外部融资，认为我国目前的金融体系以间接融资为主，银行市场结构由国有大银行垄断，银行贷款重实物资产、轻无形资产，将会导致企业研发创新活动面临较大的资金瓶颈。政府在决定对企业进行创新资助之前，首先会考察企业自身的技术储备和人力资本水平，全面评估其技术创新的成功概率和市场价值，从而企业获得政府研发资助实际上向金融市场传达了企业所开展技术创新活动具有重大价值的信号，这将会缓解企业融资时的信息不对称问题，使得企业更容易获得外部融资。

政府创新资助的“信号传递”作用也已经获得证实。高艳慧等（2012）采用我国高技术产业面板数据考察了政府补贴对企业研发融资约束的影响，研究发现，政府补贴给企业带来直接现金收益的同时，也向市场传递了企业研发投资具有重大价值的信号，这种“信号传递”作用确实能助企业获得更多的金融机构贷款，且政府补贴的这种作用在非国有企业和市场化程度较低的地方更为明显，这也进一步表明了政府干预企业技术创新的必要性。

第二节　寡头垄断条件下政府资助与企业技术创新

前文的分析表明技术创新活动具有公共产品、外部性、不确定性及不完全信息等特征，从而企业技术创新也会存在“市场失灵”问题，这为政府干预企业技术创新活动提供了理论依据，本节将构建理论模型来分析政府资助对企业技术创新的影响。

一、模型基本假设

本节的理论模型是在 D' Aspremont 和 Jacquemin（1988）模型的基础上拓展而来的。假设经济中存在一个由两家企业组成的产业，两家企业生产同质化产品。企业共同面临的市场线性反需求函数为

$$p = a - bQ \quad a,\ b > 0 \tag{3-1}$$

式中，a 为大于零的常数，b 为市场需求对产品价格变化反应敏感程度的倒数，p 为产品的价格，$Q = q_1 + q_2$ 为市场总产出，q_i 为企业 i 的产出，$i = 1, 2$。

假设企业 i 单位产品生产成本函数为

$$c_i = [A - x_i - \beta x_j] \tag{3-2}$$

式中，常数 A 表示两个企业在研发投资之前均以不变的边际成本进行生产，x_i 表示企业 i 研发投资所导致企业自身生产成本的下降幅度，x_j 表示企业 j 研发投资所导致企业自身生产成本的下降幅度。在存在技术外部性的条件下，企业 i

的生产成本不仅与自身研发投资有关，也与市场中其他企业研发投资有关，$\beta \in [0, 1]$ 表示一个企业边际生产成本的下降对另一个企业边际生产成本的影响程度，即研发投资在企业之间的技术溢出效应。当 $\beta = 0$ 时表示企业只能从自身研发投资中获益，企业之间完全没有技术溢出效应，当 $\beta = 1$ 时表示企业能完全获得竞争者研发投资的技术溢出。

一般来说，企业研发投资对企业的影响包括降低生产成本，提高产品质量及生产新产品等多方面，为了简化分析，我们假设企业研发投资的效果仅限于降低生产成本。为了保证理论模型具有经济学意义，我们同时假设 $0 < A < a$，$x_i + \beta x_j \leqslant A$，$Q \leqslant a/b$。

假设企业研发成本是生产成本下降幅度的二次函数，这就意味着企业研发投资是收益递减的，由此设定企业 i 的研发成本函数为

$$RC_i = \frac{1}{2}\gamma x_i^2 \tag{3-3}$$

式中，γ 为大于零的常数，可以表示企业的研发效率，γ 值越小表示企业研发效率越高，降低相同幅度生产成本所需研发成本越低。

由此两家企业的策略选择便构成了一个两阶段完全信息动态博弈模型，其中第一阶段两家企业各自选择自身生产成本下降幅度 x_i，第二阶段在 x_i 的基础上两家企业进行产出竞争，选择企业各自的最优产量 q_i 以获得最高利润水平。

二、模型推论

遵循 D' Aspremont 和 Jacquemin（1988）的研究思路，根据企业在研发阶段和产出阶段是否进行合作分研发和产出均不合作、研发合作而产出不合作及研发和产出均合作三种状态进行分析。

（一）两家企业在研发和产出阶段均不进行合作

根据逆向归纳法，首先考察第二阶段。在两家企业分别选定生产成本下降幅度 x_i 和 x_j 的基础上，企业 i 在未获得政府补贴时的利润函数为

$$\begin{aligned}\pi_i &= pq_i - c_i q_i - RC_i \\ &= [a - b(q_i + q_j) - A + x_i + \beta x_j]q_i - \frac{1}{2}\gamma x_i^2 \quad i \neq j,\ i = 1,\ 2\end{aligned} \tag{3-4}$$

现假设政府为促进企业技术创新而对企业研发投资进行补贴，政府研发补贴的形式包括直接财政补贴、税收减免、政府采购及贷款贴息等多种方式，其中直接财政补贴和税收减免是最主要的补贴方式，由此我们分别分析企业在获得政府直接财政补贴和税收减免时的产量和生产成本下降幅度。

1. 政府直接财政补贴与企业研发投入

我们首先考虑政府对企业研发投资进行直接财政补贴，此时企业 i 利润函数

变为

$$\pi_i = [a - b(q_i + q_j) - A + x_i + \beta x_j] q_i - \frac{1}{2}\gamma(1-s)x_i^2 \quad i \neq j,\ i = 1,\ 2 \qquad (3-5)$$

式中，$s \in (0,\ 1)$ 表示政府对企业研发投资的补贴强度，s 值越大表示政府补贴强度越高。接下来我们来分析企业获得政府直接财政补贴时企业的均衡产量和均衡生产成本下降幅度。

由此可求得第二阶段企业 i 利润最大化的极值条件为

$$\frac{\partial \pi_i}{\partial q_i} = [a - b(q_i + q_j) - A + x_i + \beta x_j] - b q_i = 0 \qquad (3-6)$$

进而可得企业 i 产量 q_i 的反应函数为

$$q_i = \frac{1}{2b}(a - A + x_i + \beta x_j - b q_j) \qquad (3-7)$$

由对称性可求得企业 i 的均衡产量为

$$q_i^* = \frac{1}{3b}[a - A + (2-\beta)x_i + (2\beta - 1)x_j] \qquad (3-8)$$

将均衡产量 q_i^* 代入式（3-5）中，就可以求得企业 i 由生产成本下降幅度 x_i 和 x_j 表示的利润函数为

$$\pi_i^* = \frac{1}{9b}[a - A + (2-\beta)x_i + (2\beta - 1)x_j]^2 - \frac{1}{2}\gamma(1-s)x_i^2 \quad i \neq j,\ i = 1,\ 2 \qquad (3-9)$$

则第一阶段企业利润最大化的极值条件为

$$\frac{\partial \pi_i^*}{\partial x_i} = \frac{2(2-\beta)}{9b}[a - A + (2-\beta)x_i + (2\beta - 1)x_j] - \gamma(1-s)x_i = 0 \qquad (3-10)$$

进而可求得企业 i 生产成本下降幅度 x_i 的反应函数为

$$x_i = \frac{2(2-\beta)[(a-A) + (2\beta - 1)x_j]}{9b\gamma(1-s) - 2(2-\beta)^2} \qquad (3-11)$$

由对称性可求得企业 i 的均衡生产成本下降幅度为

$$x_i^* = \frac{(a-A)(2-\beta)}{4.5b\gamma(1-s) - (2-\beta)(1+\beta)} \qquad (3-12)$$

而市场中均衡总产量为

$$\begin{aligned} Q^* = q_i^* + q_j^* &= \frac{2(a-A)}{3b} + \frac{2(\beta+1)}{3b}x_i^* \\ &= \frac{2(a-A)}{3b}\left[\frac{4.5b\gamma(1-s)}{4.5b\gamma(1-s) - (2-\beta)(1+\beta)}\right] \end{aligned} \qquad (3-13)$$

将企业均衡生产成本下降幅度 x_i^* 对政府补贴强度 s 求导，可得

$$\frac{\partial x_i^*}{\partial s} \frac{4.5b\gamma(a-A)(2-\beta)}{[4.5b\gamma(1-s) - (2-\beta)(1+\beta)]^2} > 0 \qquad (3-14)$$

进而将市场中均衡总产量 Q^* 对政府补贴强度 s 求导，可得

$$\frac{\partial Q^*}{\partial s}=\frac{2(\beta+1)}{3b}\frac{\partial x_i^*}{\partial s}>0 \tag{3-15}$$

根据上述推导分析结果可知，当两家企业在研发和产出阶段均不合作时，政府直接财政补贴能够降低企业研发成本，从而促进企业提升研发投入水平，进而提升市场中总产量。

2. 政府税收减免与企业研发投入

当政府对企业销售产品进行税收减免时企业利润函数变为

$$\pi_i=[a-b(q_i+q_j)-A(1-t)+x_i+\beta x_j]q_i-\frac{1}{2}\gamma x_i^2 \tag{3-16}$$

式中，$t\in(0,\ 1)$ 表示政府对企业销售产品的税收减免程度，t 值越大表示政府税收减免程度越高。接下来我们来分析企业获得政府税收减免时企业的均衡产量和均衡生产成本下降幅度。

由此可求得第二阶段企业 i 利润最大化的极值条件为

$$\frac{\partial\pi_i}{\partial q_i}=[a-b(q_i+q_j)-A(1-t)+x_i+\beta x_j]-bq_i=0 \tag{3-17}$$

进而可得企业 i 产量 q_i 的反应函数为

$$q_i=\frac{1}{2b}[a-A(1-t)+x_i+\beta x_j-bq_i] \tag{3-18}$$

由对称性可求得企业 i 的均衡产量为

$$q_i^*=\frac{1}{3b}[a-A(1-t)+(2-\beta)x_i+(2\beta-1)x_j] \tag{3-19}$$

将均衡产量 q_i^* 代入式（3-16）中，就可以求得企业 i 由生产成本下降幅度 x_i 和 x_j 表示的利润函数为

$$\pi_i^*=\frac{1}{9b}[a-A(1-t)+(2-\beta)x_i+(2\beta-1)x_j]^2-\frac{1}{2}\gamma x_i^2\quad i\neq j,\ i=1,\ 2 \tag{3-20}$$

则第一阶段企业利润最大化的极值条件为

$$\frac{\partial\pi_i^*}{\partial x_i}=\frac{2(2-\beta)}{9b}[a-A(1-t)+(2-\beta)x_i+(2\beta-1)x_j]-\gamma x_i=0 \tag{3-21}$$

进而可求得企业 i 生产成本下降幅度 x_i 的反应函数为

$$x_i=\frac{2(2-\beta)[a-A(1-t)+(2\beta-1)x_j]}{9b\gamma-2(2-\beta)^2} \tag{3-22}$$

由对称性可求得企业 i 的均衡生产成本下降幅度为

$$x_i^*=\frac{[a-A(1-t)](2-\beta)}{4.5b\gamma-(2-\beta)(1+\beta)} \tag{3-23}$$

而市场中均衡总产量为

$$Q^* = q_i^* + q_j^* = \frac{2[a - A(1-t)]}{3b} + \frac{2(\beta+1)}{3b}x_i^*$$
$$= \frac{2[a - A(1-t)]}{3b}\left[\frac{4.5b\gamma}{4.5b\gamma - (2-\beta)(1+\beta)}\right] \quad (3-24)$$

将企业均衡生产成本下降幅度 x_i^* 对政府税收减免程度 t 求导，可得

$$\frac{\partial x_i^*}{\partial t} = \frac{A(2-\beta)}{4.5b\gamma - (2-\beta)(1+\beta)} > 0 \quad (3-25)$$

进而将市场中均衡总产量 Q^* 对政府税收减免程度 t 求导，可得

$$\frac{\partial Q^*}{\partial t} = \frac{2A}{3b}\left[\frac{4.5b\gamma}{4.5b\gamma - (2-\beta)(1+\beta)}\right] > 0 \quad (3-26)$$

根据上述推导分析结果可知，当两家企业在研发和产出阶段均不合作时，政府对企业税收减免能够降低企业生产成本，从而促进企业提升研发投入水平，进而提升市场中企业总产量。

（二）两家企业在研发阶段合作而在产出阶段竞争

我们首先考虑政府对企业研发投资进行直接财政补贴时的情况，由于两家企业在产出阶段保持竞争，因而企业 i 的均衡产量仍然为

$$q_i^* = \frac{1}{3b}[a - A + (2-\beta)x_i + (2\beta-1)x_j] \quad (3-27)$$

企业 i 由生产成本下降幅度 x_i 和 x_j 表示的利润函数仍然为

$$\pi_i^* = \frac{1}{9b}[a - A + (2-\beta)x_i + (2\beta-1)x_j]^2 - \frac{1}{2}\gamma(1-s)x_i^2 \quad i \neq j,\ i = 1,\ 2 \quad (3-28)$$

由于两家企业在研发阶段保持合作，则两家企业的联合利润函数为

$$\hat{\pi} = \pi_1^* + \pi_2^*$$
$$= \frac{1}{9b}\sum_{i=1}^{2}\left\{[a - A + (2-\beta)x_i + (2\beta-1)x_j]^2 - \frac{1}{2}\gamma(1-s)x_i^2\right\}, i \neq j \quad (3-29)$$

根据对称性设 $x_1 = x_2 = \hat{x}$，可求得两家企业在研发阶段合作时企业 i 的均衡生产成本下降幅度为

$$\hat{x} = \frac{(a-A)(1+\beta)}{4.5b\gamma(1-s) - (1+\beta)^2} \quad (3-30)$$

而市场中均衡总产量为

$$\hat{Q} = \frac{2(a-A)}{3b} + \frac{2(1+\beta)}{3b}\hat{x}$$

$$=\frac{2(a-A)}{3b}\left[\frac{4.5b\gamma(1-s)}{4.5b\gamma(1-s)-(1+\beta)^2}\right] \tag{3-31}$$

将企业均衡生产成本下降幅度 $\hat{x}$ 对政府补贴强度 s 求导，可得

$$\frac{\partial\hat{x}}{\partial s}=\frac{4.5b\gamma(a-A)(1+\beta)}{[4.5b\gamma(1-s)-(1+\beta)^2]^2}>0 \tag{3-32}$$

进而将市场中均衡总产量 $\hat{Q}$ 对政府补贴强度 s 求导，可得

$$\frac{\partial\hat{Q}}{\partial s}=\frac{2(1+\beta)}{3b}\frac{\partial\hat{x}}{\partial s}>0 \tag{3-33}$$

根据上述推导分析结果可知，当两家企业在研发阶段合作，而在产出阶段保持竞争时，政府直接财政补贴同样能够降低企业研发成本，从而促进企业提升研发投入水平，进而提升市场中总产量，而政府对企业进行税收减免时所得结论一致，推理过程不再详述。

（三）两家企业在研发阶段和产出阶段均合作

我们同样首先考虑政府对企业研发投资进行直接财政补贴时的情况，由于两家企业在产出阶段保持合作，则在生产成本下降幅度分别为 x_i 和 x_j 时两家企业的联合利润函数为

$$\pi=[a-bQ]Q-AQ+(x_1+\beta x_2)q_1+(x_2+\beta x_1)q_2-\frac{1}{2}\gamma(1-s)\sum_{i=1}^{2}x_i^2 \tag{3-34}$$

根据对称性由 $x_1=x_2=x$ 可得企业均衡产量

$$q_i=\frac{[(a-A)+(1+\beta)x]}{4b} \tag{3-35}$$

进而可求得市场总产量为

$$Q=q_1+q_2=\frac{[(a-A)+(1+\beta)x]}{2b} \tag{3-36}$$

由于两家企业在研发阶段也保持合作，则两家企业在研发阶段的联合利润函数为

$$\tilde{\pi}=\frac{1}{b}\left[\frac{a-A+(1+\beta)x}{2}\right]^2-\gamma(1-s)x^2 \tag{3-37}$$

根据对称性可求得两家企业在研发阶段合作时的均衡生产成本下降幅度为

$$\tilde{x}=\frac{(a-A)(1+\beta)}{4b\gamma(1-s)-(1+\beta)^2} \tag{3-38}$$

而市场中均衡总产量为

$$\tilde{Q}=\frac{(a-A)}{2b}+\frac{(1+\beta)}{2b}\tilde{x}$$

$$=\frac{(a-A)}{2b}\left[\frac{4b\gamma(1-s)}{4b\gamma(1-s)-(1+\beta)^2}\right] \tag{3-39}$$

将企业均衡生产成本下降幅度 $\tilde{x}$ 对政府补贴强度 s 求导，可得

$$\frac{\partial \tilde{x}}{\partial s}=\frac{4b\gamma(a-A)(1+\beta)}{[4b\gamma(1-s)-(1+\beta)^2]^2}>0 \tag{3-40}$$

进而将市场中均衡总产量 $\tilde{Q}$ 对政府补贴强度 s 求导，可得

$$\frac{\partial \tilde{Q}}{\partial s}=\frac{(1+\beta)}{2b}\frac{\partial \tilde{x}}{\partial s}>0 \tag{3-41}$$

根据上述推导分析结果可知，当两家企业在研发和产出阶段均保持合作时，政府对企业进行直接财政补贴同样能够降低企业研发成本而促进企业提升研发投入水平，进而提升市场中总产量，而政府对企业进行税收减免时所得结论一致，推理过程亦不再详述。

综上所述，可以看出，无论两家企业在研发和产出阶段是否合作，政府补贴均能有效促进企业研发投资，进而提升市场总产量。通过进一步对比分析可以看出，企业均衡生产成本下降幅度和均衡市场总产量随企业在研发和产出阶段是否合作而不同。不同合作状态下的企业均衡生产成本下降幅度如下

$$\begin{cases} x_i^*=\dfrac{(a-A)(2-\beta)}{4.5b\gamma(1-s)-(2-\beta)(1+\beta)} & \text{研发和产出均不合作} \\ \hat{x}=\dfrac{(a-A)(1+\beta)}{4.5b\gamma(1-s)-(1+\beta)^2} & \text{研发合作而产出不合作} \\ \tilde{x}=\dfrac{(a-A)(1+\beta)}{4b\gamma(1-s)-(1+\beta)^2} & \text{研发和产出均合作} \end{cases} \tag{3-42}$$

从式（3－42）中可以看出，两家企业在研发和产出均合作时的均衡生产成本下降幅度 $\tilde{x}$ 大于在研发合作而产出不合作时的均衡生产成本下降幅度 $\hat{x}$，这可能由于企业在产出阶段合作能够获得更多研发投资所带来的生产者剩余，从而促使企业进行更多的研发投资；当 $\beta>0.5$ 时，两家企业研发合作而产出不合作时的均衡生产成本下降幅度 $\hat{x}$ 大于研发和产出均不合作时的均衡生产成本下降幅度 x_i^*，这表明，研发合作因企业间技术溢出效应的大小对企业研发投资产生不同影响，当技术溢出较小时研发合作会降低企业研发投资，而技术溢出效应较大时研发合作会促进企业研发投资。

而不同合作状态下的市场均衡总产量如下

$$\begin{cases} Q^*=\dfrac{2(a-A)}{3b}\left[\dfrac{4.5b\gamma(1-s)}{4.5b\gamma(1-s)-(2-\beta)(1+\beta)}\right] & \text{研发和产出均不合作} \\ \hat{Q}=\dfrac{2(a-A)}{3b}\left[\dfrac{4.5b\gamma(1-s)}{4.5b\gamma(1-s)-(1+\beta)^2}\right] & \text{研发合作而产出不合作} \\ \tilde{Q}=\dfrac{(a-A)}{2b}\left[\dfrac{4b\gamma(1-s)}{4b\gamma(1-s)-(1+\beta)^2}\right] & \text{研发和产出均合作} \end{cases} \tag{3-43}$$

从式（3-43）中可以看出，两家企业在研发和产出均合作时的均衡市场总产量 $\tilde{Q}$ 小于在研发合作而产出不合作时的均衡市场总产量 $\hat{Q}$，这可能是由于垄断导致了市场低效率；当 $\beta>0.5$ 时两家企业研发合作而产出不合作时的均衡市场总产量 $\tilde{Q}$ 大于研发和产出均不合作时的均衡市场总产量 Q^*。

本节通过拓展 D' Aspremont 和 Jacquemin（1988）理论模型构建了一个两阶段完全信息动态博弈模型，分析了古诺均衡条件下政府补贴对企业研发投资的影响，理论模型的第一阶段中，两家企业选择自身生产成本下降幅度，第二阶段两家企业进行古诺均衡产出竞争，选择企业各自的最优产量以获得最高利润水平。遵循 D' Aspremont 和 Jacquemin（1988）的研究思路，本理论模型根据企业在研发阶段和产出阶段是否进行合作分研发和产出均不合作、研发合作而产出不合作及研发和产出均合作三种状态进行分析。模型推理结果表明，政府直接财政补贴和税收减免在这三种合作状态下均能有效促进企业研发投资和提升市场总产量，进一步比较分析可以发现，企业研发投资水平和市场总产量会因企业合作状态及技术溢出效应大小而产生变化。

第三节 垄断竞争条件下政府资助与企业技术创新

第二节构建了寡头垄断条件下政府资助影响企业技术创新的理论模型，模型结论表明政府资助确实能促进企业技术创新，本节将借鉴 Asker 和 Baccara（2010）、姜宁和黄万（2010）的研究进一步构建一个垄断竞争条件下的理论模型来分析政府资助对企业技术创新的影响。

一、模型基本假设

假设代表性消费者的偏好由如下形式的 D-S 效用函数来表示

$$U(y)=m+W\ln\left[\int_0^n y(i)^{\sigma}di\right]^{\frac{1}{\sigma}} \tag{3-44}$$

式中，$y(i)$ 表示消费者对企业 $i\in[0,n]$ 所生产产品的消费量，n 表示市场中的企业数量；m 表示计价单位，$W>0$；$\sigma\in(0,1)$ 表示各种产品之间的替代弹性。消费者效用函数最大化要满足如下形式的预算约束条件

$$m+\int_0^n p(i)y(i)di\leqslant E \tag{3-45}$$

求解效用最大化问题可求得消费者对第 i 种产品的需求函数为

$$y(i)=Mp(i)^{\frac{1}{1-\sigma}} \tag{3-46}$$

式中，$p(i)$是产品价格函数，$M = \dfrac{W}{\int_0^n p(j)^{\frac{\sigma}{1-\sigma}}dj}$

假设存在一个企业自由进入的垄断竞争条件下的市场，该市场中存在 n 家活跃性的企业，每家企业均可以独立进行以成本降低为目标的研发投资，且企业之间的研发投资不存在技术溢出效应。对于市场中的每一家企业可自由决定是否进行研发投资，若企业 i 决定进行研发投资则其研发成本函数为

$$RC(i) = K + k(i) \tag{3-47}$$

式中，$K>0$ 表示企业研发投资固定成本，可以理解为企业为技术创新而在人力资本方面付出的成本，$k(i)>0$ 表示企业研发投资变动成本，可以理解为企业 i 的研发投入强度，且企业只有在 $k(i)>0$ 的情况下才会产生研发投资固定成本 K。企业进行研发投资的目标仅限于降低产品边际生产成本，企业产品边际生产成本 $c(i)$ 与 $k(i)$ 的关系如下，同时为保证企业最优研发投资问题存在均衡解假设 $1-\sigma-\sigma\rho>0$

$$c(k) = (1+k)^{-\rho}, \ \rho \in (0, 1) \tag{3-48}$$

二、模型推理过程

假设有一家企业 i 生产一种特定产品 i，则该企业的利润函数为

$$\pi(i) = [p(i) - c(i)]y(i) - k(i) - K \tag{3-49}$$

式中，$[p(i)-c(i)]y(i)$ 表示企业 i 的经济利润，$K+k(i)$ 表示企业 i 的总研发成本；根据成本加成原则，企业利润最大化时应满足条件 $p(i)=\dfrac{c(i)}{\sigma}$，由此可以求得

$$\begin{aligned}
\pi(i) &= \frac{W(1-\sigma)}{\int_0^n c(j)^{\frac{-\sigma}{1-\sigma}}dj} c(j)^{\frac{-\sigma}{1-\sigma}} - k(i) - K \\
&= \frac{W(1-\sigma)}{\int_0^n [1+k(j)]^{\frac{\sigma\rho}{1-\sigma}}dj} [1+k(i)]^{\frac{\sigma\rho}{1-\sigma}} - k(i) - K \\
&= A[1+k(i)]^{\frac{\sigma\rho}{1-\sigma}} - k(i) - K
\end{aligned} \tag{3-50}$$

通过式（3-50）可以看出企业 i 的利润额随竞争者研发投入水平的提高而降低，这是由于竞争者的产品价格随其研发投入水平升高而降低，从而通过垄断竞争市场降低了企业 i 的市场需求，进而影响了企业 i 的利润额。

式中，$A = \dfrac{W(1-\sigma)}{\int_0^n [1+k(j)]^{\frac{\sigma\rho}{1-\sigma}}dj}$，是其他企业研发投入的函数。由于我们是在短

期均衡框架内分析企业最优研发投资问题，因而市场中活跃性企业的数量 n 和研发投资企业的数量 μ 是固定的，从而每个研发投资企业的最优投资数量是相同的，由此 A 又可以表示为

$$A(\mu,\ n)=\frac{W(1-\sigma)}{\mu[1+k(\mu,\ n)]^{\frac{\sigma\rho}{1-\sigma}}+(n-\mu)} \tag{3-51}$$

由此，企业 i 的最优研发投资水平可通过求解下式获得

$$\max\ \pi(i)=\max\ A[1+k(i)]^{\frac{\sigma\rho}{1-\sigma}}-k(i)-K \tag{3-52}$$

将$\pi(i)$对 $k(i)$求导，可求得企业 i 的均衡最优研发投资水平为

$$k^*(i)=\left(\frac{A\sigma\rho}{1-\sigma}\right)^{\frac{1-\sigma}{1-\sigma-\sigma\rho}}-1 \tag{3-53}$$

假设政府对企业研发投资 $k(i)$进行补贴率为 $s\in(0,\ 1)$的研发补贴，则企业 i 的利润函数变为

$$\begin{aligned}\pi(i)&=[p(i)-c(i)]y(i)-(1-s)k(i)-K\\&=\hat{A}[1+k(i)]^{\frac{\sigma\rho}{1-\sigma}}-(1-s)k(i)-K\end{aligned} \tag{3-54}$$

式(3-54)中，$\hat{A}(\mu,\ n)=\dfrac{W(1-\sigma)}{\mu[1+\hat{k}(\mu,\ n)]^{\frac{\sigma\rho}{1-\sigma}}+(n-\mu)}$，由于企业获得政府补贴后均衡最优研发投资水平 $k^*(i)$会发生变化，因而 $\hat{A}(\mu,\ n)$与 $A(\mu,\ n)$并不相同。

由此企业 i 获得政府补贴后的最优研发投资水平可通过求解下式获得

$$\max\ \hat{\pi}(i)=\max\ \hat{A}[1+k(i)]^{\frac{\sigma\rho}{1-\sigma}}-(1-s)k(i)-K \tag{3-55}$$

将企业利润函数$\hat{\pi}$（i）对 k（i）求导，可求得企业 i 获得政府补贴后的均衡最优研发投资水平为

$$\hat{k}^*(i)=\left[\frac{\hat{A}\sigma\rho}{(1-s)(1-\sigma)}\right]^{\frac{1-\sigma}{1-\sigma-\sigma\rho}}-1 \tag{3-56}$$

则企业在未获得政府补贴和获得政府补贴时的均衡研发投入水平分别如下所示

$$\begin{cases}k^*(i)=\left(\dfrac{A\sigma\rho}{1-\sigma}\right)^{\frac{1-\sigma}{1-\sigma-\sigma\rho}}-1 & \text{企业未获得政府补贴}\\ \hat{k}^*(i)=\left[\dfrac{\hat{A}\sigma\rho}{(1-s)(1-\sigma)}\right]^{\frac{1-\sigma}{1-\sigma-\sigma\rho}}-1 & \text{企业获得政府补贴}\end{cases} \tag{3-57}$$

因此，要分析政府补贴是否促进了企业研发投资，只需比较政府补贴前后的企业均衡最优研发投资水平 $k^*(i)$和 $\hat{k}^*(i)$即可，若要 $\hat{k}^*(i)>k^*(i)$则政府补贴率 s 需要满足的条件如下

$$\left[\frac{\hat{A}\sigma\rho}{(1-s)(1-\sigma)}\right]^{\frac{1-\sigma}{1-\sigma-\sigma\rho}}-1>\left(\frac{A\sigma\rho}{(1-\sigma)}\right)^{\frac{1-\sigma}{1-\sigma-\sigma\rho}}-1$$

$$\Rightarrow\left[\frac{\hat{A}\sigma\rho}{(1-s)(1-\sigma)}\right]^{\frac{1-\sigma}{1-\sigma-\sigma\rho}}>\left(\frac{A\sigma\rho}{(1-\sigma)}\right)^{\frac{1-\sigma}{1-\sigma-\sigma\rho}}$$

$$\Rightarrow\left[\frac{\hat{A}\sigma\rho}{(1-s)(1-\sigma)}\right]^{\frac{1-\sigma}{1-\sigma-\sigma\rho}}\Big/\left(\frac{A\sigma\rho}{(1-\sigma)}\right)^{\frac{1-\sigma}{1-\sigma-\sigma\rho}}>1$$

$$\Rightarrow\frac{\hat{A}}{A}>1-s\Rightarrow s>1-\frac{\hat{A}}{A} \tag{3-58}$$

令 $\bar{s}=1-\frac{\hat{A}}{A}$，需进一步证明 $\bar{s}\in(0,\ 1)$：

将 $A(\mu,\ n)=\dfrac{W(1-\sigma)}{\mu(1+k)^{\frac{\sigma\rho}{1-\sigma}}+(n-\mu)}$ 对 k 求导可得

$$\frac{\partial A}{\partial k}=\frac{-W\mu(1-\sigma)(1+k)^{\frac{\sigma+\sigma\rho-1}{1-\sigma}}}{\left[\mu(1+k)^{\frac{\sigma\rho}{1-\sigma}}+(n-\mu)\right]^2} \tag{3-59}$$

从式（3-59）可看出，A 是 k 的减函数，根据假设条件 $\hat{k}^*>k^*$ 可得出 $\hat{A}<A$，即 $0<\bar{s}=1-\frac{\hat{A}}{A}<1$，因此存在一个政府补贴率 $\bar{s}\in(0,\ 1)$，当 $s>\bar{s}$ 时政府补贴能促进企业研发投资，提升企业技术创新水平。

综上所述，本节构建了一个垄断竞争条件下的理论模型来分析政府补贴对企业技术创新的影响，企业首先进行以降低产品生产成本为目标的研发投资，继而在产品市场上进行竞争以获得最大利润，由此构成了一个子博弈完美纳什均衡。理论模型推导结果表明，垄断竞争条件下政府补贴同样能促进企业研发投资，提升企业技术创新水平。与上节理论模型结论略有不同的是，本节理论模型结论表明，政府补贴率只有在达到一定水平后才能促进企业研发投资，说明政府补贴在促进企业研发投资时存在一定的门限效应。

第四章　中国政府资助与企业技术创新的事实描述

第一节　中国政府科技资助现状分析

为了提高中国企业技术创新水平，我国政府自20世纪90年代以来相继提出了一些科教兴国的发展战略。中共中央和国务院于1995年联合发布的《加速科学技术进步的决定》中明确指出“科学技术是第一生产力，是经济和社会发展的首要推动力量，是国家强盛的决定性因素。为大幅度提高社会生产力，增强综合国力，提高人民生活水平，确保我国现代化建设三步走战略目标的顺利实现，必须大力发展科学技术，加速全社会的科技进步”，“科技投入是科技进步的必要条件，是实施科教兴国战略的基本保证，必须采取有力措施，调整投资结构，鼓励、引导全社会多渠道、多层次地增加科技投入，尽快扭转我国科技投入过低的局面，提高各项科技经费的使用效益，到2000年全社会研究开发经费占国内生产总值的比例达到1.5%”，“中央和地方每年财政科技投入的增长速度要高于财政收入的年增长速度，一些经济较发达地区，科技投入的增长幅度要更大一些。同时，中央和地方每年都要在基建拨款中安排一定数量的专项资金用于重点科研基地和重大科技工程的建设。要加大对农业科学研究、基础性研究、高技术研究的投入力度，并有计划、有重点地改善科研单位的工作条件”。

国务院于2006年发布的《国家中长期科学和技术发展规划纲要》中继而提出“充分发挥政府在投入中的引导作用，通过财政直接投入、税收优惠等多种财政投入方式，增强政府投入调动全社会科技资源配置的能力。国家财政投入主要用于支持市场机制不能有效解决的基础研究、前沿技术研究、社会公益研究、重大共性关键技术研究等公共科技活动，并引导企业和全社会的科技投入。中央和地方各级政府要按照《中华人民共和国科学技术进步法》的要求，在编制年初预算和预算执行中的超收分配时，都要体现法定增长的要求，保证科技经费的增长幅度明显高于财政经常性收入的增长幅度，逐步提高国家财政性科技投入占国内生产总值的比例。要结合国家财力情况，统筹安排规划实施所需经费，切实保障重大专项的顺利实施。国家继续加强对重大科技基础设施建设的投入，在中央和地方建设投资中作为重点予以支持。在政府增加科技投入的同时，强化企业科技投入主体的地位。总之，通过多方面的努力，使我国全社会研究开发投入占国内生产总值的比例逐年提高，到2010年达到2%，到2020年达到2.5%以上”。

我国2007年修订的《中华人民共和国科学技术进步法》进一步提出“国家坚持科学发展观，实施科教兴国战略，实行自主创新、重点跨越、支撑发展、引领未来的科学技术工作指导方针，构建国家创新体系，建设创新型国家”，“国家加大财政性资金投入，并制定产业、税收、金融、政府采购等政策，鼓励、引导社会资金投入，推动全社会科学技术研究开发经费持续稳定增长”，“国家逐步提高科学技术经费投入的总体水平，国家财政用于科学技术经费的增长幅度，应当高于国家财政经常性收入的增长幅度，全社会科学技术研究开发经费应当占国内生产总值适当的比例”。

一、中国国家财政科技支出现状

随着我国科教兴国发展战略的实施，从图4－1中可以看出中国国家财政科技支出在总量上呈现出逐年稳步上升的趋势，从1990年的139.1亿元增长到2012年的5600.1亿元，20多年间规模增长了40.26倍。我国财政科技支出一直保持着较高的增长速度，年均增长速度达到18.29%，尤其在2005年以后增长速度较快，连续多年均达到了20%以上的增长速度。从我国财政科技支出占财政总支出的比重看，所占比重在20世纪90年代早期维持在一个较高的水平，但呈现出缓慢下降的趋势，从比重最高的1992年的5.06%逐步下降到2000年的3.62%，并且所占比重在2000～2005年均维持在4%以下；从2006年开始所占比重又呈现出缓慢递增趋势，从2006年的4.18%逐步上升到2012年的4.45%，总体来说，20多年来我国财政科技支出占财政总支出的比重变化不大，所占比重年平均值为4.27%。

我国于20世纪90年代实施了分税制改革，导致我国财政科技支出的投入主体分为中央政府财政和地方政府财政，如图4－2中所示。从财政科技支出绝对金额上看，中央政府财政科技支出从1990年的97.6亿元增长到2012年的2613.6亿元，增长了26.78倍，年均增长速度为16.12%；地方政府财政科技支出从1990年的41.6亿元增长到2012年的2986.5亿元，增长了71.79倍，年均增长速度为21.44%，明显高于中央政府财政科技支出的增长速度。从两种投入主体所占的比重看，在大多数年份中，中央政府财政是科技投入的主体，1990～2006年，中央政府财政所占比重均大于地方政府财政；但中央政府财政科技支出所占比重呈现出逐年下降趋势，从1990年的70.17%下降到2012年的46.67%，而地方政府财政科技支出所占比重则逐年上升，从1990年的29.91%上升到2012年的53.33%，并且自2007年开始二者投入比重基本相当，表明我国财政科技投入体系已经由中央政府财政主导逐渐发展为中央和地方财政双主体的格局。

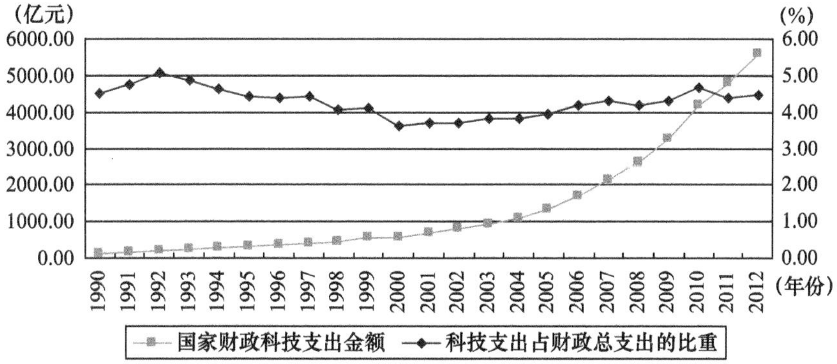

图4－1　我国历年国家财政科技支出

数据来源：根据历年《中国科技统计年鉴》数据整理所得。

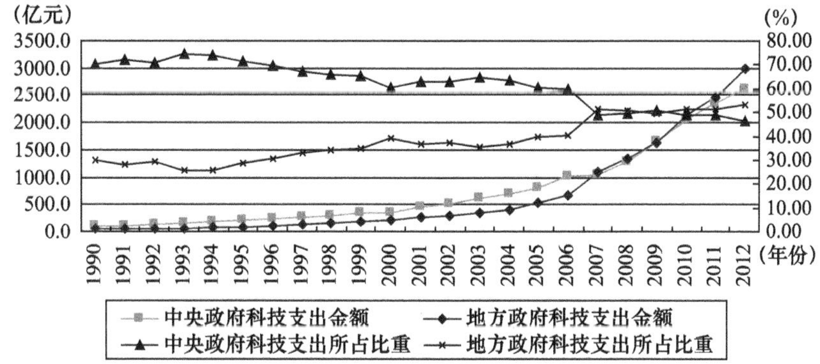

图4－2　我国历年国家财政科技支出投入主体

数据来源：根据历年《中国科技统计年鉴》数据整理所得。

二、中国政府科技资助的特征

（一）我国政府科技资助的选择对象

我国技术创新体系中的创新主体主要有政府研发机构、大中型工业企业以及高等学校，我国政府历年来均对这三类创新主体进行了大量科技资助，表4-1中数据显示了我国政府在2000~2008年对政府研发机构、大中型工业企业以及高等学校的科技资助情况。

从政府科技资助的绝对金额上看，我国政府对这三类技术创新主体的资助金额均呈现出稳步上升的趋势，其中政府对研发机构的科技资助金额从2000年的380.92亿元增长到了2008年的1156.62亿元，增长了3.04倍，年均增长速度为14.89%；政府对大中型工业企业的科技资助金额从2000年的43.21亿元增长到了2008年的192.74亿元，增长了4.46倍，年均增长速度为20.55%；政府对高等学校的科技资助金额从2000年的97.47亿元增长到了2008年的424.10亿元，增长了4.35倍，年均增长速度为20.18%。统计数据表明，政府对大中型工业企业和高等学校科技资助金额的年均增长速度基本相同，均达到了20%以上，明显高于政府对研发机构科技资助的年均增长速度。

表4-1　我国政府科技资助的选择对象　　单位：亿元，%

年份	政府资助总额	研发机构		大中型工业企业		高等学校	
		金额	比重	金额	比重	金额	比重
2000	593.39	380.92	64.19	43.21	7.28	97.47	16.43
2001	656.36	434.91	66.26	41.06	6.26	109.83	16.73
2002	776.19	498.00	64.16	53.71	6.92	137.29	17.69
2003	839.28	535.02	63.75	51.79	6.17	164.76	19.63
2004	985.52	596.04	60.48	64.76	6.57	210.60	21.37
2005	1213.05	763.40	62.93	81.87	6.75	251.55	20.74
2006	1367.85	835.51	61.08	105.38	7.70	287.75	21.04
2007	1703.55	1041.74	61.15	144.25	8.47	345.44	20.28
2008	1902.03	1156.62	60.81	192.74	10.13	424.10	22.30
年均			62.76		7.36		19.58

数据来源：根据历年《中国科技统计年鉴》数据整理所得。

从我国政府科技资助选择对象的结构来看，我国三类创新主体所占政府科技资助金额的比重存在显著差距，其中政府研发机构一直是我国政府科技资助的主要选择对象，2000~2008年，政府研发机构所占政府科技资助比重均达到了60%以上，年平均值为62.76%，但研发机构所占政府科技资助比重呈现出缓慢下降的趋势，从2000年的64.19%逐年下降到2008年的60.81%；大中型工业企业占政府科技资助的比重在初期呈现出缓慢下降的趋势，从比重最高的2000年的7.28%逐步下降到2003年的6.17%，从2004年开始所占比重又呈现出缓慢递增趋势，从2004年的6.57%逐步上升到2008年的10.13%，大中型工业企业占政府科技资助的比重尽管在各年之间存在一些波动，从总体来说仍然呈现出稳步上升的趋势，所占比重年平均值为7.36%；高等学校占政府科技资助的比重在初期呈稳步上升趋势，从2000年的16.43%逐步递增到2004年的21.37%，从2005年开始所占比重又呈现出了一些较小幅度的波动，总体来说也呈现出稳步上升的趋势，所占比重年平均值为19.58%。统计数据表明，政府研发机构和高等学校是我国政府科技资助的主要选择对象，二者所占科技资助比重之和超过了80%，而大中型工业企业所获得科技资助比重尽管有所上升，但与前二者相比所占比重仍然差距巨大。接下来我们将重点分析我国政府对大中型工业企业科技资助的特征。

（二）我国政府科技资助的所有制差异

在中国改革开放的推进过程中，大量外商直接投资参与到了我国的经济发展中，我们根据企业在工商行政管理部门的登记注册类型，将企业划分为内资企业、港澳台商投资企业和外商投资企业三大类，其中内资企业是指由国有资产、集体资产、国内个人资产投资创办的企业，包括国有企业、集体企业、股份合作企业、联营企业、有限责任公司、股份有限公司、私营企业和其他企业；港澳台商投资企业包括港澳台资合资、合作、独资经营企业和股份有限公司；外商投资企业包括中外合资、合作经营企业、外资企业和外商投资股份有限公司。我国政府历年来对这三种类型企业均进行了大量科技资助，表4－2中数据显示了我国政府在2003～2007年对内资企业、港澳台商投资企业以及外商投资企业的科技资助情况。

从政府科技资助的绝对金额上看，我国政府对这三种类型企业的资助金额均呈现出快速上升的趋势，其中政府对内资企业的科技资助金额从2003年的487872万元增长到了2007年的1302222万元，增长了2.67倍；政府对港澳台商投资企业的科技资助金额从2003年的13489万元增长到了2007年的62130万元，增长了4.61倍；政府对外商投资企业的科技资助金额从2003年的16525万元增长到了2007年的78165万元，增长了4.73倍。统计数据表明，尽管我国政府对内资企业科技资助金额的增长速度明显低于港澳台商投资企业和外商投资企业，但是内资企业所获得的科技资助总量远远多于后二者，比如2007年我国内资企业所获得科技资助金额分别是港澳台商投资企业和外商投资企业所获金额的20.96倍和16.66倍，占我国政府当年对大中型工业企业科技资助总额的90.27%。

表4-2 我国政府科技资助的特征：分企业类型 单位：万元,%

企业登记注册类型		2003年		2005年		2007年	
		资助金额	资助强度	资助金额	资助强度	资助金额	资助强度
		487872	4.02	751331	3.83	1302222	4.20
内资企业	国有企业	116410	4.52	136577	4.02	199498	4.54
	集体企业	8209	1.07	10629	1.76	7266	1.10
	股份合作企业	2282	1.35	1271	1.31	6182	2.71
	联营企业	1265	1.10	1189	0.58	3120	1.18
	国有有限公司	149854	7.21	206885	6.62	324896	6.37
	其他有限公司	121490	4.66	229919	4.15	461040	5.04
	股份有限公司	75684	2.37	127219	2.57	215444	2.86
	私营企业	12005	1.96	37600	2.35	83717	2.46
	其他企业	672	5.89	42	0.05	1060	0.36
港澳台商投资企业		13489	1.15	26732	1.30	62130	1.62
外商投资企业		16525	0.64	40653	0.81	78165	0.95

数据来源：根据历年《中国科技统计年鉴》数据整理所得。

进一步比较分析不同类型内资企业的科技资助金额，可以看出我国政府对各种类型内资企业的科技资助金额也存在显著差距，比如2007年中获得政府科技资助金额较高的企业类型是其他有限公司和国有有限公司，所获得的资助金额分别为461040万元和324896万元，其次是股份有限公司、国有企业和私营企业的215444万元、199498万元和83717万元，其余类型企业所获科技资助金额则偏低，均在7266万元以下。

从政府科技资助的资助强度看，我国政府对三种类型企业的科技资助强度存在显著差距，其中政府对内资企业的资助强度远高于港澳台商投资企业和外商投资企业，每年均在4%左右小幅度波动，港澳台商投资企业和外商投资企业的科技资助强度尽管呈现出缓慢上升的趋势，但与前者的资助强度相比仍然偏低。比如，2007年我国政府对内资企业的资助强度分别是港澳台商投资企业和外商投资企业资助强度的2.59和4.42倍。

进一步比较分析不同类型内资企业的科技资助强度，可以看出我国政府对各种类型内资企业的科技资助强度也存在显著差距，比如2007年中获得政府科技资助强度较高的企业类型是国有企业、国有有限公司和其他有限公司，所获得的资助强度分别为4.54%、6.37%和5.04%，其次是股份合作企业、股份有限公司和私营企业，所获得的资助强度分别为2.71%、2.86%和2.46%，而获得科技资助强度最低的是集体企业、联营企业和其他企业，所获得的资助强度分别为1.10%、1.18%和0.36%。

（三）我国政府科技资助的地区差异

我国国土面积幅员辽阔，不同省份之间的经济规模、产业结构以及产业政策等显著不同，因而我国不同地区的政府科技资助情况必然也存在明显的差异性，我们根据各省份的经济发展水平将中国划分为东部地区、中部地区和西部地区来分析不同地区的政府科技资助情况，其中东部地区包括北京、天津、河北、上海、江苏、浙江、福建、山东、广东和辽宁10个省份，中部地区包括山西、安徽、江西、河南、湖北、湖南、吉林和黑龙江8个省份，西部地区包括内蒙古、广西、重庆、四川、贵州、云南、陕西、甘肃、青海、宁夏和新疆11个省份，海南省和西藏自治区由于缺失相关统计数据而未纳入统计分析中。表4-3中数据显示了我国政府在1995~2008年对东部地区、中部地区和西部地区大中型工业企业的科技资助情况。

表4-3　我国政府科技资助的特征（分省份）　　单位：万元，%

省份	1995年		2000年		2008年	
	资助金额	资助强度	资助金额	资助强度	资助金额	资助强度
东部地区	96896	3.81	186057	2.94	1041152	2.92
中部地区	69581	7.72	97357	5.81	458727	4.51
西部地区	104195	12.60	148603	12.39	427407	6.45
北京	9313	7.41	17635	3.69	116998	7.96
天津	4136	4.11	8477	4.06	34982	1.62
河北	4907	2.97	12190	5.11	30404	2.39
上海	9888	1.58	14000	1.14	83098	2.87
江苏	17634	3.85	35739	3.75	185132	2.40
浙江	2700	1.44	13420	3.98	69757	1.90
福建	1947	3.22	5055	3.35	22892	1.57
山东	11112	3.88	26376	2.25	148447	2.44
广东	6139	2.61	24062	2.14	140072	2.24
辽宁	29120	9.84	29103	6.45	209370	8.64
山西	9324	18.43	16820	9.79	44208	2.81
安徽	2561	3.37	6098	2.76	50040	3.03
江西	5668	8.38	11243	10.55	62188	7.79
河南	13487	6.53	10880	3.92	64408	3.36

续表

省份	1995年		2000年		2008年	
	资助金额	资助强度	资助金额	资助强度	资助金额	资助强度
湖北	11830	5.15	15253	3.83	55829	3.48
湖南	8315	9.81	10498	5.34	61771	5.58
吉林	4479	5.59	6206	5.58	17242	2.63
黑龙江	13917	13.22	20359	10.57	103041	12.58
内蒙古	6337	18.66	6622	14.79	23282	4.04
广西	803	1.00	4388	4.49	14350	2.92
重庆	—	—	13884	8.54	28885	2.83
四川	47562	13.30	35795	12.97	95000	6.06
贵州	4108	12.15	9979	15.44	28704	7.65
云南	1059	2.85	4609	7.26	15840	3.47
陕西	34881	23.33	56318	20.45	176177	17.06
甘肃	6201	10.20	11585	12.82	14993	3.18
青海	1063	6.95	1026	4.05	3716	2.91
宁夏	664	6.51	1561	5.02	10825	7.80
新疆	1517	3.13	2836	4.16	15635	4.08

数据来源：根据历年《中国科技统计年鉴》数据整理所得，"—"表示缺少该项数据。

从政府科技资助的绝对金额上看，我国政府对这三大地区企业的资助金额均呈现出快速上升的趋势，其中政府对东部地区企业的科技资助金额从1995年的96896万元增长到了2008年的1041152万元，增长了10.75倍，年均增长速度为20.04%；政府对中部地区企业的科技资助金额从1995年的69581万元增长到了2008年的458727万元，增长了6.59倍，年均增长速度为15.61%；政府对西部地区企业的科技资助金额从1995年的104195万元增长到了2008年的427407万元，增长了4.10倍，年均增长速度为11.47%。统计数据表明，我国政府对东部地区企业科技资助金额的增长速度明显高于中部地区和西部地区企业，而且东部地区企业所获得的科技资助总量明显多于后二者，比如2008年我国东部地区企业所获得科技资助金额分别是中部地区企业和西部地区企业所获金额的2.27倍和2.44倍，占我国政府当年对大中型工业企业科技资助总额的54.02%。

进一步比较分析不同地区中各省份的科技资助金额，可以看出，我国各省份中的大中型工业企业所获得的政府科技资助金额也存在显著差距，比如2008年我国东部地区中政府科技资助金额较高的省份是辽宁、江苏、山东和广东，科技资助金额分别为 209370 万元、185132 万元、148447 万元和 140072 万元，远高于天津、河北和福建的 34982 万元、30404 万元和 22892 万元，其余省份所获得的科技资助金额则均在 69757 万 ~116998 万元；中部地区中政府科技资助金额最高的省份是黑龙江，所获得科技资助金额为 103041 万元，远远高于吉林的 17242 万元，其余省份所获得的科技资助金额则差距不大，均在 44208 万 ~64408 万元；西部地区中政府科技资助金额较高的省份是陕西和四川，科技资助金额分别为 176177 万元和 95000 万元，其余省份所获得政府科技资助金额则远远低于前二者，均在 28885 万元以下。

从政府科技资助的资助强度上来看，我国政府对这三大地区企业的资助强度均呈现出缓慢下降的趋势，其中政府对东部地区企业的科技资助强度从 1995 年的 3.81% 下降到了 2008 年的 2.92%，下降了 23.36%；政府对中部地区企业的科技资助强度从 1995 年的 7.72% 下降到了 2008 年的 4.51%，下降了 41.58%；政府对西部地区企业的科技资助强度从 1995 年的 12.60% 下降到了 2008 年的 6.45%，下降了 48.81%。统计数据表明，我国政府对三大地区企业的科技资助强度存在显著差距，其中西部地区企业的科技资助强度一直最高，其次是中部地区企业，而东部地区企业的科技资助强度一直最低，比如 2008 年我国西部地区企业所获得科技资助强度分别是中部地区企业和西部地区企业所获得资助强度的 1.43 倍和 2.21 倍。

进一步比较分析不同地区中各省份的科技资助强度，可以看出我国各省份中的大中型工业企业所获得的政府科技资助强度也存在显著差距，比如 2008 年我国东部地区中政府科技资助强度较高的省份是辽宁省和北京市，所获得资助强度分别为 8.64% 和 7.96%，远高于浙江、天津和福建的 1.90%、1.62% 和 1.57%，其余省份的政府科技资助强度则差距不大，均保持在 2% ~3%；中部地区中政府科技资助强度较高的省份是黑龙江、江西和湖南，所获得科技资助强度分别为 12.58%、7.79% 和 5.58%，其余省份所获得的科技资助强度则普遍保持在 3% 左右；西部地区中政府科技资助强度最高的省份是陕西，所获得资助强度为 17.06%，远远高于其余省份的科技资助强度，其次所获得资助强度较高的省份是宁夏、贵州和四川，所获得资助强度分别为 7.80%、7.65% 和 6.06%，其余省份所获得政府科技资助强度则普遍较低，均保持在 5% 以下水平。

（四）我国政府科技资助的行业差异

我国工业经济发展迅速，不同行业之间的产业规模和技术水平存在显著不同，因而我国工业经济中不同行业的政府科技资助情况必然存在明显的差异性，我们根据行业特征选取中国工业经济中的 28 个行业划分为劳动密集型行业、资本密集型行业和技术密集型行业来分析不同行业的政府科技资助情况。详细的工业经济行业分组情况如下：

（1）劳动密集型行业。包含农副食品加工业，食品制造业，饮料制造业，烟草制品业，纺织业，纺织服装鞋帽制造业，皮革毛皮羽毛（绒）及其制品业，木材加工及木、竹、藤、棕草制品业，家具制造业，造纸及纸制品业，印刷业和记录媒介的复制和文教体育用品制造业。

（2）资本密集型行业。包含石油、加工炼焦及核燃料加工业、化学纤维制造业、橡胶制品业、塑料制品业、非金属矿物制品业、黑色金属冶炼及压延加工业、有色金属冶炼及压延加工业和金属制品业。

（3）技术密集型行业。包含化学原料及化学制品制造业、医药制造业、通用设备制造业、专用设备制造业、交通运输设备制造业、电气机械及器材制造业、通信设备计算机及其他电子设备制造业和仪器仪表及文化办公用机械制造业8个行业。

表4-4中数据显示了我国政府在1995~2007年对劳动密集型行业、资本密集型行业和技术密集型行业大中型工业企业的科技资助情况。

表4-4　我国政府科技资助的特征：分行业　　单位：万元，%

行业	1995年		2000年		2007年	
	资助金额	资助强度	资助金额	资助强度	资助金额	资助强度
劳动密集型行业	7273	1.60	28335	3.43	67061	1.66
资本密集型行业	22709	2.54	46583	2.47	154541	1.51
技术密集型行业	155459	6.32	299852	5.39	1141320	4.44
农副食品加工业	1327	3.29	1948	2.79	14130	3.17
食品制造业	119	0.60	5540	7.54	9472	2.77
饮料制造业	469	0.80	2737	1.76	9932	1.42
烟草制品业	404	2.16	499	0.73	3401	1.17
纺织业	3554	1.64	11545	4.69	16062	1.59
纺织服装、鞋、帽制造业	83	0.92	781	2.67	3914	1.50
皮革、毛皮、羽毛（绒）及其制品业	218	2.18	691	6.92	762	0.56
木材加工及木、竹、藤、棕、草制品业	175	3.81	423	3.76	834	0.81
家具制造业	2	0.05	180	5.75	559	0.80
造纸及纸制品业	819	1.46	2724	2.20	5480	1.14
印刷业和记录媒介的复制	93	1.23	1202	5.17	179	0.16
文教体育用品制造业	10	0.10	65	0.49	2336	3.10

续表

行业	1995 年		2000 年		2007 年	
	资助金额	资助强度	资助金额	资助强度	资助金额	资助强度
石油加工、炼焦及核燃料加工业	9027	6.45	5510	1.74	5366	0.99
化学纤维制造业	819	1.57	4029	2.13	8386	1.49
橡胶制品业	553	0.98	2265	3.43	6839	1.13
塑料制品业	519	0.95	4483	4.31	6076	1.66
非金属矿物制品业	3469	1.88	8074	3.24	21378	3.02
黑色金属冶炼及压延加工业	3968	1.61	7577	1.18	40697	0.78
有色金属冶炼及压延加工业	2110	2.68	11185	4.92	40872	2.62
金属制品业	2244	2.72	3460	3.66	24927	3.95
化学原料及化学制品制造业	10434	2.54	24488	3.43	82071	2.65
医药制造业	2703	2.50	11828	3.15	55293	4.34
通用设备制造业	9319	2.79	23749	5.09	103739	4.35
专用设备制造业	5702	1.81	16255	4.49	88984	4.67
交通运输设备制造业	89617	14.15	147545	14.78	516975	9.07
电气机械及器材制造业	5201	1.86	17893	2.09	73837	1.89
通信设备、计算机及其他电子设备制造业	26952	9.00	47411	2.80	187637	2.76
仪器仪表及文化、办公用机械制造业	5531	7.18	10683	10.30	32784	4.99

数据来源：根据历年《中国科技统计年鉴》数据整理所得。

从政府科技资助的绝对金额上看，我国政府对这三大类行业企业的资助金额均呈现出快速上升的趋势，其中政府对劳动密集型行业企业的科技资助金额从1995年的7273万元增长到了2007年的67061万元，增长了9.22倍，年均增长速度为20.34%；政府对资本密集型行业企业的科技资助金额从1995年的22709万元增长到了2007年的154541万元，增长了6.81倍，年均增长速度为17.33%；政府对技术密集型行业企业的科技资助金额从1995年的155459万元增长到了2007年的1141320万元，增长了7.34倍，年均增长速度为18.07%。统计数据表明，我国政府对劳动密集型行业企业科技资助金额的增长速度略高于资本密集型行业和技术密集型行业企业，但技术密集型行业企业所获得的科技资助总量远远多于劳动密集型行业和资本密集型行业企业，比如2007年我国技术密集型行业企业所获得科技资助金额分别是劳动密集型行业和资本密集型行业企业所获金额的17.02倍和7.39倍，占我国政府当年对大中型工业企业科技资助总额的83.74%。

进一步比较分析不同大类行业中各细分行业的科技资助金额，可以看出我国各细分行业中的大中型工业企业所获得的政府科技资助金额也存在显著差距，比如2007年我国劳动密集型行业中政府科技资助金额较高的细分行业是纺织业和农副食品加工业，科技资助金额分别为16062万元和14130万元，其次是饮料制造业和食品制造业的9932万元和9472万元，其余细分行业所获得政府科技资助金额则普遍较低，均在5480万元以下；资本密集型行业中政府科技资助金额较高的细分行业是有色金属冶炼及压延加工业和黑色金属冶炼及压延加工业，科技资助金额分别为40872万元和40697万元，其次是金属制品业和非金属矿物制品业的24927万元和21378万元，其余细分行业所获得政府科技资助金额则差距不大，均在5366万~8386万元；技术密集型行业中政府科技资助金额最高的细分行业是交通运输设备制造业，所获得科技资助金额为516975万元，远远高于其余细分行业的科技资助金额，其次是通信设备计算机及其他电子设备制造业的187637万元，其余细分行业所获得政府科技资助金额则普遍较低，均保持在103739万元以下。

从政府科技资助的资助强度上看，我国政府对这三大类行业企业的资助强度呈现出不同的变化趋势，其中政府对劳动密集型行业企业的科技资助强度从1995年的1.60%上升到了2000年的3.43%，然后又下降到了2007年的1.66%；政府对资本密集型行业企业的科技资助强度从1995年的2.54%逐步下降到了2007年的1.51%，下降了40.55%；政府对技术密集型行业企业的科技资助强度从1995年的6.32%逐步下降到了2007年的4.44%，下降了29.75%。统计数据表明，我国政府对三大类行业企业的科技资助强度存在显著差距，其中技术密集型行业企业的科技资助强度一直明显高于劳动密集型行业和资本密集型行业企业，比如2007年我国技术密集型行业企业所获得科技资助强度分别是劳动密集型行业和资本密集型行业企业所获得资助强度的2.67倍和2.94倍。

进一步比较分析不同大类行业中各细分行业的科技资助强度，可以看出我国各细分行业中的大中型工业企业所获得的政府科技资助强度也存在显著差距，比如2007年我国劳动密集型行业中政府科技资助强度较高的细分行业是农副食品加工业、文教体育用品制造业和食品制造业，所获得科技资助强度分别为3.17%、3.10%和2.77%，远高于皮革、毛皮、羽毛（绒）及其制品业，印刷业和记录媒介的复制行业的0.56%和0.16%，其余细分行业的政府科技资助强度则差距不大，均保持在0.80%~1.59%；资本密集型行业中政府科技资助强度较高的细分行业是金属制品业、非金属矿物制品业、有色金属冶炼及压延加工业，所获得科技资助强度分别为3.95%、3.02%和2.62%，其余细分行业的政府科技资助强度则差距不大，均保持在0.78%~1.66%；技术密集型行业中政府科技资助强度最高的细分行业是交通运输设备制造业，所获得资助强度为9.07%，远远高于通信设备、计算机及其他电子设备制造业，化学原料及化学制品制造业、电气机械及器材制造业的2.76%、2.65%和1.89%，其余细分行业所获得政府科技资助强度则差距不大，均保持在4.34%~4.99%。

第二节　中国企业技术创新投入现状分析

一、我国总体技术创新投入现状

（一）我国R&D投入规模和强度

研究与试验发展（R&D）指在科学技术领域，为增加知识总量，以及运用这些知识去创造新的应用而进行的系统的、创造性的活动，国内外学者在实践研究中一般采用R&D经费投入指标衡量一国的技术创新投入水平。当前世界上各国（地区）经济之间的发展历程、规模结构以及资源禀赋显著不同，因而世界上各经济体之间的技术创新投入水平必然也存在明显的差异性，我们选取世界上13个主要经济体，将其根据经济发展水平划分为发达工业化国家、新兴工业化国家（地区）和金砖国家三大类来比较分析我国总体技术创新的投入水平，其中发达工业化国家包括美国、日本、英国、法国、德国、加拿大和意大利7个国家，新兴工业化国家（地区）包括韩国、中国台湾和新加坡3个国家（地区），金砖国家包括俄罗斯、巴西和印度3个国家。表4-5和表4-6中数据显示了我国和世界上13个主要经济体在1995~2011年的R&D经费投入规模和投入强度。

表4-5　我国和世界上13个主要经济体R&D经费投入规模的国际比较

单位：10亿本国货币

国际地区	1995年	2000年	2005年	2007年	2009年	2011年	年均增长（%）
中国	34.9	89.6	245.0	371.0	580.2	868.7	22.25
美国	184.1	267.8	324.5	377.6	401.6	415.2	5.21
日本	14408.2	15304.4	16672.6	17756.2	15817.7	15945.1	0.64
英国	14.0	17.7	21.7	25.0	25.9	26.9	4.17
法国	27.3	31.0	36.5	39.3	42.7	44.9	3.16
德国	40.5	50.6	55.7	61.5	67.0	74.8	3.91
加拿大	13.8	20.6	27.7	30.0	29.4	30.0	4.97
意大利	9.2	12.5	15.6	18.2	19.2	19.8	4.91

续表

国际地区	1995 年	2000 年	2005 年	2007 年	2009 年	2011 年	年均增长（%）
韩国	9440.6	13848.5	24155.4	31301.4	37928.5	49890.4	10.97
中国台湾	125.0	197.6	281.0	331.4	367.2	413.3	7.76
新加坡	1.4	3.0	4.6	6.3	6.0	7.5	11.06
俄罗斯	12.1	76.7	230.8	371.1	485.8	610.4	27.77
巴西	5.6	10.9	20.9	28.6	37.8	—	14.61
印度	74.8	176.6	216.4	315.8	—	—	12.75

数据来源：根据历年《中国科技统计年鉴》数据整理所得，“—”表示缺少该项数据。

表 4－6　我国和世界上 13 个主要经济体 R&D 经费投入强度的国际比较　单位:%

国家地区	1995 年	2000 年	2005 年	2007 年	2009 年	2011 年
中国	0.57	0.90	1.32	1.40	1.70	1.84
美国	2.51	2.74	2.62	2.70	2.90	2.77
日本	2.92	3.04	3.32	3.46	3.36	3.39
英国	1.94	1.85	1.76	1.78	1.86	1.78
法国	2.29	2.15	2.10	2.08	2.26	2.25
德国	2.19	2.45	2.48	2.53	2.82	2.88
加拿大	1.70	1.92	2.01	1.96	1.92	1.74
意大利	0.97	1.05	1.09	1.17	1.26	1.25
韩国	2.37	2.39	2.98	3.21	3.56	4.03
中国台湾	1.72	1.97	2.45	2.57	2.94	3.02
新加坡	1.14	1.88	2.30	2.37	2.24	2.23
俄罗斯	0.85	1.05	1.07	1.12	1.25	1.09
巴西	0.87	0.99	0.97	1.07	1.18	—
印度	0.71	0.86	0.61	0.76	—	—

数据来源：根据历年《中国科技统计年鉴》数据整理，“—”表示缺少该项数据。

从表 4－5 中可以看出，我国 R&D 经费投入规模呈现出稳步快速上升的趋势，从 1995 年的 349 亿元增长到了 2011 年的 8687 亿元，增长了 24.89 倍，当前我国 R&D 经费投入规模已经远远超过了绝大多数国家，但与美国和日本相比仍有不小差距，比如 2011 年中国、美国和日本的 R&D 经费投入金额分别为 8687 亿元、4152 亿美元和 159451 亿日元，以当年汇率折算后我国 R&D 经费投入分别是美国和日本 R&D 经费投入的 32.39% 和 67.22%，这与我国世界第二大经济规模的地位是不相符的。

进一步比较分析可以看出，世界上三大类经济体 R&D 经费投入的年均增长速度存在显著差异，其中金砖国家的增长速度最快，均在12%以上，尤其是俄罗斯的增长速度达到了27.77%；其次是新兴工业化国家（地区）的R&D经费投入增长速度较快，新加坡、韩国和中国台湾的增长速度分别为11.06%、10.97%和7.76%；而发达工业化国家的R&D经费投入增长速度则普遍较低，除了美国5.21%的增长速度外，其余国家的增长速度均在5%以下，尤其是日本的增长速度仅为0.64%。而中国R&D经费投入年均增长速度达到了22.25%，仅次于俄罗斯的增长速度，远远高于世界上其他主要经济体的增长速度，这充分表明了我国政府和企业对提高中国经济技术创新水平的注重。

R&D经费投入强度是指一国（地区）研发经费投入总量与该国（地区）当年GDP之比，是世界上通用的衡量一个国家（地区）在科技活动方面的经费投入力度的主要指标，一国（地区）的R&D经费投入强度是决定该国（地区）技术创新水平的核心影响因素。从表4-6中可以看出我国R&D经费投入强度也呈现出稳步上升的趋势，从1995年的0.57%增长到了2011年的1.84%，增长了3.23倍，年均增长速度为7.60%，当前我国R&D经费投入强度尽管已经有了大幅度提升，但与国务院2006年发布的《国家中长期科学和技术发展规划纲要》中“全社会研究开发投入占国内生产总值的比例到2010年达到2%的目标”相比仍然存在一定的差距。

进一步比较分析可以看出，世界上三大类经济体R&D经费投入强度也存在显著差异，其中新兴工业化国家（地区）的R&D经费投入强度普遍较高，比如2011年韩国、中国台湾和新加坡的R&D强度均保持在2%以上，尤其是韩国的R&D强度达到了4.03%，远远高于其他主要经济体的R&D强度；其次发达工业化国家的R&D经费投入强度则存在较明显的内部差异，比如2011年发达工业化国家中R&D强度最高的国家是日本，R&D强度达到了3.39%，德国、美国和法国的R&D强度也均在2%以上，而英国、加拿大和意大利的R&D强度则均不足2%，尤其是意大利的R&D强度仅有1.25%；而金砖国家的R&D经费投入强度普遍较低，均保持在1%左右，与发达工业化国家、新兴工业化国家（地区）两类经济体相比仍有较大差距。而中国初期的R&D经费投入强度偏低，比如1995年，三大类经济体的R&D强度均明显高于我国，尤其是日本、美国和韩国的R&D强度分别是当年我国R&D强度的5.12倍、4.40倍和4.16倍；当前我国R&D经费投入强度已经获得了显著提升，比如2011年我国R&D强度已超越了发达工业化国家中的英国、加拿大、意大利以及所有金砖国家，但是与R&D强度较高的韩国、日本、中国台湾、德国和美国等国家（地区）相比仍有较大的差距。

（二）我国R&D经费投入的应用结构

研究与试验发展（R&D）根据研究目的可以划分为基础研究、应用研究和试验发展三类研究活动，其中基础研究是指“为了获得关于现象和可观察事实的基本原理的新知识（揭示客观事物的本质、运动规律，获得新发展、新学说）而进行的实验性或理论性研究，它不以任何专门或特定的应用或使用为目的”；应用研究是指“为获得新知识而进行的创造性研究，主要针对某一特定的目的或目标，是为了确定基础研究成果可能的用途，或是为达到预定的目标探索应采取的新方法（原理性）或新途径”；试验发展是指“利用从基础研究、应用研究和实际经验所获得的现有知识，为产生新的产品、材料和装置，建立新的工艺、系统和服务，以及对已产生和建立的上述各项作实质性的改进而进行的系统性工作”。表4－7和图4－3中数据显示了我国和世界上一些主要经济体R&D经费投入的应用结构。

表4－7　我国R&D经费投入的应用结构　　单位：亿元，%

年份	R&D经费投入总量	基础研究		应用研究		试验发展	
		金额	比重	金额	比重	金额	比重
1995	348.69	18.06	5.18	92.02	26.39	238.60	68.43
1996	404.48	20.24	5.00	99.12	24.51	285.12	70.49
1997	509.16	27.44	5.39	132.46	26.02	349.26	68.60
1998	551.12	28.95	5.25	124.62	22.61	397.54	72.13
1999	678.91	33.90	4.99	151.55	22.32	493.46	72.68
2000	895.66	46.73	5.22	151.90	16.96	697.03	77.82
2001	1042.49	55.60	5.33	184.85	17.73	802.03	76.93
2002	1287.64	73.77	5.73	246.68	19.16	967.20	75.11
2003	1539.63	87.65	5.69	311.45	20.23	1140.52	74.08
2004	1966.33	117.18	5.96	400.49	20.37	1448.67	73.67
2005	2449.97	131.21	5.36	433.53	17.70	1885.24	76.95
2006	3003.10	155.76	5.19	488.97	16.28	2358.37	78.53
2007	3710.24	174.52	4.70	492.94	13.29	3042.78	82.01
2008	4616.02	220.82	4.78	575.16	12.46	3820.04	82.76
2009	5802.11	270.29	4.66	730.79	12.60	4801.03	82.75
2010	7062.58	324.49	4.59	893.79	12.66	5844.30	82.75
2011	8687.01	411.81	4.74	1028.39	11.84	7246.81	83.42
2012	10298.41	498.81	4.84	1161.97	11.28	8637.63	83.87
年均			5.15		18.02		76.83

数据来源：根据历年《中国科技统计年鉴》数据整理。

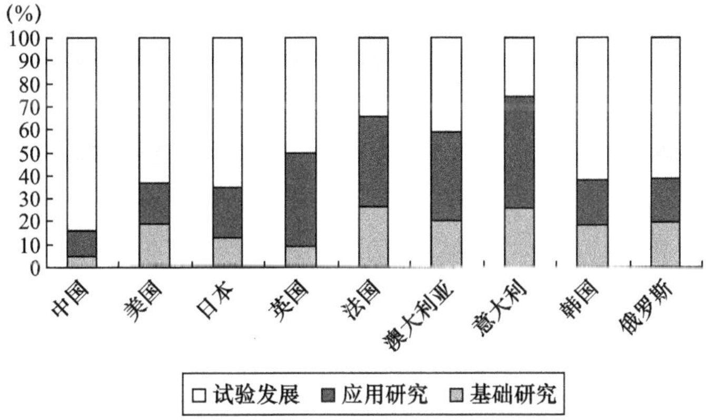

图4-3 我国R&D经费投入应用结构的国际比较

数据来源：根据历年《中国科技统计年鉴》数据整理，其中中国、美国和澳大利亚分别是2012年、2009年和2008年数据，其余国家均为2010年数据。

从表4-7中可以看出我国基础研究、应用研究和试验发展三类研发活动的投入金额均呈现出稳步上升的趋势，其中基础研究R&D经费投入金额从1995年的18.06亿元增长到了2012年的498.81亿元，增长了27.62倍，年均增长速度为21.56%；应用研究R&D经费投入金额从1995年的92.02亿元增长到了2012年的1161.97亿元，增长了12.63倍，年均增长速度为16.09%；试验发展R&D经费投入金额从1995年的238.60亿元增长到了2012年的8637.63亿元，增长了36.20倍，年均增长速度为23.51%。统计数据表明，我国基础研究和试验发展R&D经费投入金额的年均增长速度较高，均达到了20%以上，明显高于应用研究R&D经费投入金额的年均增长速度。

从我国R&D经费投入的应用结构来看，我国三类研发活动所占R&D经费投入金额的比重存在显著差异，其中试验发展一直是我国的主要研发活动，所占R&D经费投入比重远远高于基础研究和应用研究，1995~2012年试验发展所占R&D经费投入金额比重均达到了68%以上，年平均值为76.83%，而且试验发展所占比重呈现出缓慢上升的趋势，从1995年的68.43%逐年上升到2012年的83.87%；其次是应用研究所占R&D经费投入比重较高，1995~2012年应用研究所占R&D经费投入金额比重均在11%以上，年平均值为18.02%，但是应用研究所占比重呈现出缓慢下降的趋势，从1995年的26.39%逐年下降到2012的11.28%；基础研究所占R&D经费投入金额比重在初期呈现出缓慢上升的趋势，从1995年的5.18%逐步递增到2004年的5.96%，从2005年开始基础研究所占比重又逐步下降到2012年的4.84%，基础研究所占比重尽管在各年之间存在一些波动，总体来说也呈现出缓慢下降的趋势，所占比重年平均值为5.15%。

从图4-3中可以看出，与世界上主要发达国家相比我国基础研究和应用研究所占R&D经费投入金额比重偏低，而试验发展所占比重偏高，比如2012年我国基础研究所占比重仅为4.8%，而法国、意大利、澳大利亚和美国基础研究所占比重为26.3%、25.7%、20.0%和19.0%，分别为我国所占比重的5.48倍、5.35倍、4.17倍和3.96倍；2012年我国应用研究所占比重为11.3%，而意大利、英国、法国和澳大利亚应用研究所占比重为48.6%、40.7%、39.5%和38.6%，分别是我国所占比重的4.30倍、3.60倍、3.50倍和3.42倍；2012年我国试验发展所占比重为83.9%，而澳大利亚、法国和意大利试验发展所占比重分别为41.4%、34.2%和25.7%，远远低于我国试验发展所占比重。

（三）我国R&D经费投入的执行部门结构

政府研发机构、企业和高等学校作为我国技术创新体系中的主要创新主体历年来均进行了大量R&D经费投入，表4-8中数据显示了我国这三类创新主体在2000~2012年的R&D经费投入情况。从R&D经费投入的绝对金额上看，我国这三类创新主体R&D经费投入均呈现出快速上升的趋势，其中，企业的R&D经费投入从2000年的537.0亿元增长到了2012年的7842.2亿元，增长了14.60倍，年均增长速度为25.04%；政府研发机构的R&D经费投入从2000年的258.0亿元增长到了2012年的1548.9亿元，增长了6.00倍，年均增长速度为16.11%；高等学校的R&D经费投入从2000年的76.7亿元增长到了2012年的780.6亿元，增长了10.18倍，年均增长速度为21.33%。统计数据表明，企业和高等学校R&D经费投入的年均增长速度较高，均达到了20%以上，明显高于政府研发机构的R&D经费投入的年均增长速度。

表4-8　我国R&D经费投入的执行部门结构　　单位：亿元,%

年份	R&D经费投入总量	企业		大中型工业企业		研发机构		高等学校	
		金额	比重	金额	比重	金额	比重	金额	比重
2000	895.7	537.0	59.95	353.4	39.46	258.0	28.80	76.7	8.56
2001	1042.5	630.0	60.43	442.3	42.43	288.5	27.67	102.4	9.82
2002	1287.6	787.8	61.18	560.2	43.51	351.3	27.28	130.5	10.14
2003	1539.6	960.2	62.37	720.8	46.82	399.0	25.92	162.3	10.54
2004	1966.3	1314.0	66.83	954.4	48.54	431.7	21.95	200.9	10.22
2005	2450.0	1673.8	68.32	1250.3	51.03	513.1	20.94	242.3	9.89
2006	3003.1	2134.5	71.08	1630.2	54.28	567.3	18.89	276.8	9.22
2007	3710.2	2681.9	72.28	2112.5	56.94	687.9	18.54	314.7	8.48
2008	4616.0	3381.7	73.26	2681.3	58.09	811.3	17.58	390.2	8.45

续表

年份	R&D经费投入总量	企业		大中型工业企业		研发机构		高等学校	
		金额	比重	金额	比重	金额	比重	金额	比重
2009	5802.1	4248.6	73.23	3210.2	55.33	995.9	17.16	468.2	8.07
2010	7062.6	5185.5	73.42	4015.4	56.85	1186.4	16.80	597.3	8.46
2011	8687.0	6579.3	75.74	5030.7	57.91	1306.7	15.04	688.9	7.93
2012	10298.4	7842.2	76.15	5992.3	58.19	1548.9	15.04	780.6	7.58
年均			68.79		51.49		20.89		9.03

数据来源：根据历年《中国科技统计年鉴》数据整理。

从我国R&D经费投入的执行部门结构上看，我国政府研发机构、企业和高等学校三类创新主体所占R&D经费投入金额的比重存在显著差距，其中企业一直在我国技术创新体系中占据主导地位，2000～2012年，企业所占R&D经费投入比重均达到了59%以上，所占比重年平均值为68.79%，而且企业所占R&D经费投入比重呈现出逐步上升的趋势，从2000年的59.95%逐年上升到2012年的76.15%；其次是政府研发机构所占R&D经费投入比重较高，2000～2012年，政府研发机构所占R&D经费投入比重均达到了15%以上，所占比重年平均值为20.89%，但是政府研发机构所占R&D经费投入比重呈现出逐步下降的趋势，从2000年的28.80%逐年下降到2012年的15.04%；而高等学校所占R&D经费投入的比重在初期呈现出缓慢上升趋势，从2000年的8.56%逐步递增到2003年的10.54%，从2004年开始所占比重又呈现出了逐步下降的趋势，所占比重从2004年的10.22%一直下降到了2012的7.58%，总体来说高等学校所占R&D经费投入的比重也呈现出逐步下降的趋势，所占比重年平均值为9.03%。统计数据表明，企业尤其是大中型工业企业一直是我国研发活动的主要执行部门，企业所占R&D经费投入比重远远高于政府研发结构和高等学校所占比重，比如2012年企业所占R&D经费投入比重为76.15%，而政府研发结构和高等学校所占比重之和仅为22.62%，企业所占R&D经费投入比重分别是政府研发结构和高等学校所占比重的5.06倍和10.05倍。

二、我国企业技术创新投入的特征

首先需要说明的是《中国科技统计年鉴》中没有关于中国大中型工业企业分省份和行业的R&D经费内部支出统计数据，只统计了大中型工业企业的科技活动经费内部支出，从统计指标的定义上看，R&D活动是指在科学技术领域，为增加知识总量，以及运用这些知识去创造新的应用而进行的系统的、创造性的活动，科技活动则指在科学技术领域中与科技知识的产生、发展、传播和应用密切相关的有组织的活动。可以看出，科技活动经费的统计口径大于且涵盖了 R&D 经费统计口径，这更符合本书中所定义的技术创新的含义，因而我们选取大中型工业企业的科技活动经费内部支出指标来分析我国企业技术创新投入现状。

（一）我国企业技术创新投入的所有制差异

从表 4－9 中企业科技活动经费投入的绝对金额上看，我国经济中这三种类型企业的科技投入金额均呈现出快速上升的趋势，其中内资企业的科技投入金额从 2003 年的 1137.75 亿元增长到了 2007 年的 2988.34 亿元，增长了 2.63 倍；港澳台商投资企业的科技投入金额从 2003 年的 100.75 亿元增长到了 2007 年的 350.25 亿元，增长了 3.48 倍；外商投资企业的科技投入金额从 2003 年的 229.28 亿元增长到了 2007 年的 785.14 亿元，增长了 3.42 倍。统计数据表明，尽管我国内资企业科技投入金额的增长速度明显低于港澳台商投资企业和外商投资企业，但内资企业的科技投入金额总量远远多于后二者，比如 2007 年我国内资企业科技投入金额分别是港澳台商投资企业和外商投资企业所投入金额的 8.53 倍和 3.81 倍，占我国当年大中型工业企业科技投入总额的 72.47%。

进一步比较分析不同类型内资企业的科技投入金额，可以看出，不同类型内资企业的科技投入金额也存在显著差距，比如 2007 中科技投入金额较高的企业类型是其他有限公司和股份有限公司，所投入金额分别是 884.48 亿元和 719.09 亿元，其次是国有有限公司、国有企业和私营企业的 486.40 亿元、421.25 亿元和 334.98 亿元，其余类型内资企业的科技投入金额则偏低，均在 67.26 亿元以下。

表 4－9　我国企业技术创新投入的特征（分企业类型） 单位：亿元，%

企业登记注册类型		2003 年		2005 年		2007 年	
		投入金额	投入强度	投入金额	投入强度	投入金额	投入强度
内资企业		1137.75	1.80	1906.21	1.76	2988.34	1.78
	国有企业	242.64	1.56	333.76	1.50	421.25	1.37
	集体企业	71.48	1.77	59.91	1.61	67.26	1.53
	股份合作企业	16.24	1.41	10.59	1.13	20.89	1.45
	联营企业	11.19	2.17	18.01	2.44	25.03	2.13
	国有有限公司	210.77	3.01	301.89	2.38	486.40	2.92
	其他有限公司	239.63	1.81	531.16	1.84	884.48	1.82
	股份有限公司	289.43	1.81	479.54	1.93	719.09	1.96
	私营企业	55.48	0.98	163.89	1.16	334.98	1.21
	其他企业	0.89	1.03	7.46	2.31	28.95	3.13
港澳台商投资企业		100.75	0.93	191.59	1.04	350.25	1.29
外商投资企业		229.28	1.22	445.53	1.20	785.14	1.21

数据来源：根据历年《中国科技统计年鉴》数据整理。

从表4-9中企业科技活动经费投入强度看，我国经济中这三种类型企业的科技投入强度均存在显著差距，其中内资企业的科技投入强度明显高于港澳台商投资企业和外商投资企业，每年均在1.78%左右波动；港澳台商投资企业的科技投入强度呈现出缓慢上升的趋势，从2003年的0.93%递增到2007年的1.29%，外商投资企业的科技投入强度则基本保持在1.21%左右。总体看来，与内资企业相比，港澳台商投资企业和外商投资企业的科技投入强度仍然偏低，比如2007年内资企业的科技投入强度分别是港澳台商投资企业和外商投资企业的1.38倍和1.47倍。

进一步比较分析不同类型内资企业的科技投入强度，可以看出我国各种类型内资企业的科技投入强度也存在显著差距，比如2007年科技投入强度较高的企业类型是其他企业和国有有限公司，科技投入强度分别为3.13%和2.92%；其次是联营企业、股份有限公司和其他有限公司的2.13%、1.96%和1.82%，其余类型内资企业的科技投入强度则较低，科技投入强度均在1.53%以下。

（二）我国企业技术创新投入的地区差异

从表4-10中企业科技活动经费投入的绝对金额上看，我国这三大地区的企业科技投入金额均呈现出快速上升的趋势，其中东部地区的企业科技投入金额从1995年的215.88亿元增长到了2008年的3417.09亿元，增长了15.83倍，年均增长速度为23.67%；中部地区的企业科技投入金额从1995年的79.65亿元增长到了2008年的971.24亿元，增长了12.19倍，年均增长速度为21.21%；西部地区的企业科技投入金额从1995年的69.95亿元增长到了2008年的646.61亿元，增长了9.24倍，年均增长速度为18.66%。统计数据表明，我国东部地区企业科技投入金额的增长速度明显高于中部地区企业和西部地区企业，而且东部地区企业科技投入总量明显多于后二者，比如2008年我国东部地区企业科技投入金额分别是中部地区企业和西部地区企业所投入金额的3.52倍和5.28倍，占我国大中型工业企业当年科技投入总额的67.87%。

进一步比较分析不同地区中各省份的企业科技投入金额，可以看出我国各省份中的大中型工业企业的科技投入金额也存在显著差距，比如2008年中，我国东部地区中企业科技投入金额较高的省份是江苏、广东和山东，企业科技投入金额分别是755.66亿元、635.74亿元和594.07亿元，远高于福建、河北和北京的131.97亿元、124.52亿元和111.02亿元，其余省份的企业科技投入金额则均保持在199.60亿～325.41亿元；中部地区中企业科技投入金额最高的省份是河南，科技投入金额为177.54亿元，其次是安徽、湖北和山西的167.85亿元、155.49亿元和151.64亿元，其余省份的企业科技投入金额则较低，均在63.13亿～109.77亿元；西部地区中企业科技投入金额较高的省份是四川、陕西和重庆，企业科技投入金额分别为148.60亿元、114.51亿元和102.84亿元，其余省份的企业科技投入金额则远远低于前三者，均在58.80亿元以下。

表4-10 我国企业技术创新投入的特征（分省份） 单位：亿元，%

省份	1995年		2000年		2008年	
	投入金额	投入强度	投入金额	投入强度	投入金额	投入强度
东部地区	215.88	1.14	555.09	1.73	3417.09	1.58
中部地区	79.65	1.12	158.87	1.54	971.24	1.57
西部地区	69.95	1.47	108.91	1.61	646.61	1.57
北京	10.90	1.16	33.57	2.13	111.02	1.41
天津	10.01	0.93	20.63	1.23	199.60	2.22
河北	15.39	1.27	23.31	1.25	124.52	0.80
上海	44.97	1.63	96.16	2.24	305.88	1.76
江苏	39.88	1.25	94.31	1.99	755.66	1.88
浙江	15.73	1.03	29.72	1.06	325.41	1.42
福建	5.05	1.10	13.32	1.63	131.97	1.46
山东	26.87	0.95	102.30	1.93	594.07	1.69
广东	20.47	0.73	103.17	1.74	635.74	1.45
辽宁	26.62	1.26	38.61	1.27	233.22	1.62
山西	4.40	0.75	15.35	2.16	151.64	1.85
安徽	6.44	0.81	20.09	1.83	167.85	2.30
江西	6.29	1.39	9.32	1.49	70.34	1.73
河南	18.54	1.41	26.37	1.55	177.54	1.16
湖北	20.09	1.68	40.93	2.24	155.49	1.69
湖南	7.61	1.05	18.34	1.86	109.77	1.86
吉林	7.12	0.90	10.38	0.86	63.13	1.12
黑龙江	9.18	0.74	18.09	0.84	75.47	1.23
内蒙古	2.90	0.81	3.60	0.65	58.80	1.14
广西	6.19	1.15	9.58	1.40	47.83	1.41
重庆	—	—	14.69	2.19	102.84	2.65
四川	28.20	1.92	27.19	2.07	148.60	1.76
贵州	3.26	1.18	5.43	1.40	35.30	1.59
云南	3.37	0.53	6.48	0.87	42.90	1.11
陕西	13.82	2.64	23.36	2.72	114.51	1.99
甘肃	5.48	1.29	7.39	1.28	35.17	1.14
青海	1.37	1.55	2.46	1.75	11.29	1.30
宁夏	0.93	0.91	2.71	1.54	14.40	1.45
新疆	4.43	1.24	6.02	0.89	34.98	1.00

数据来源：根据历年《中国科技统计年鉴》数据整理所得，"—"表示缺少该项数据。

从表 4－10 中企业的科技活动经费投入强度上看，我国这三大地区的企业科技投入强度均呈现出了稳步上升的趋势，其中东部地区的企业科技投入强度从 1995 年的 1.14% 上升到了 2008 年的 1.58%，上升了 38.60%；中部地区的企业科技投入强度从 1995 年的 1.12% 上升到了 2008 年的 1.57%，上升了 40.18%；西部地区的企业科技投入强度从 1995 年的 1.47% 上升到了 2008 年的 1.57%，上升了 6.80%。统计数据表明，我国三大地区的企业科技投入强度在早期存在较大差距，而目前三大地区的企业科技投入强度则呈现出了一种收敛现象，比如 1995 年我国东部和中部地区的企业科技投入强度基本相同，而西部地区的企业科技投入强度分别是东部和中部地区的 1.29 倍和 1.31 倍，到 2008 年时，我国三大地区的企业科技投入强度则基本相同，均保持在 1.57% 左右。

进一步比较分析不同地区中各省份的企业科技投入强度，可以看出我国各省份中的大中型工业企业的科技投入强度也存在显著差距，比如 2008 年中我国东部地区中企业科技投入强度较高的省份是天津市和江苏省，企业科技投入强度分别为 2.22% 和 1.88%，远高于河北省的 0.80%，其余省份的企业科技投入强度则差距不大，均保持在 1.41% ~1.76%；中部地区中企业科技投入强度最高的省份是安徽省，企业科技投入强度为 2.30%，远高于黑龙江、河南和吉林的 1.23%、1.16% 和 1.12%，其余省份的企业科技投入强度则差距不大，均保持在 1.69% ~1.86%；西部地区中企业科技投入强度较高的省份是重庆市和陕西省，企业科技投入强度分别为 2.65% 和 1.99%，其次是四川省和贵州省的 1.76% 和 1.59%，其余省份的企业科技投入强度则较低，均在 1.00% ~1.45%。

（三）我国企业技术创新投入的行业差异

从表 4－11 中企业科技活动经费投入的绝对金额上看，我国这三大类行业的企业科技投入金额均呈现出快速上升的趋势，其中劳动密集型行业的企业科技投入金额从 1995 年的 41.67 亿元增长到了 2007 年的 386.47 亿元，增长了 9.27 倍，年均增长速度为 20.39%；资本密集型行业的企业科技投入金额从 1995 年的 76.85 亿元增长到了 2007 年的 982.82 亿元，增长了 12.79 倍，年均增长速度为 23.66%；技术密集型行业的企业科技投入金额从 1995 年的 210.06 亿元增长到了 2007 年的 2475.68 亿元，增长了 11.79 倍，年均增长速度为 22.82%。统计数据表明，我国资本密集型行业的企业科技投入金额增长速度略高于劳动密集型行业和技术密集型行业企业，但技术密集型行业的企业科技投入金额总量远远多于劳动密集型行业和资本密集型行业企业，比如 2007 年我国技术密集型行业的企业科技投入金额分别是劳动密集型行业和资本密集型行业企业科技投入金额的 6.41 倍和 2.52 倍，占我国大中型工业企业当年科技投入金额总量的 64.39%。

表 4-11　我国企业技术创新投入的特征（分行业）　　单位：亿元,%

行业	1995 年		2000 年		2007 年	
	投入金额	投入强度	投入金额	投入强度	投入金额	投入强度
劳动密集型行业	41.67	0.62	80.66	0.89	386.47	0.96
资本密集型行业	76.85	0.91	167.20	1.30	982.82	1.34
技术密集型行业	210.06	1.98	487.27	2.58	2475.68	2.28
农副食品加工业	3.46	0.35	7.28	0.52	45.22	0.64
食品制造业	1.51	0.36	7.84	1.18	36.28	1.06
饮料制造业	6.66	0.88	14.88	1.22	57.93	1.64
烟草制品业	1.70	0.19	7.47	0.57	25.33	0.69
纺织业	20.06	0.81	24.76	1.03	98.54	1.05
纺织服装、鞋、帽制造业	0.81	0.29	2.44	0.48	25.58	0.75
皮革、毛皮、羽毛（绒）及其制品业	0.96	0.54	0.94	0.31	11.58	0.44
木材加工及木、竹、藤、棕、草制品业	0.37	0.56	1.01	0.59	9.13	0.99
家具制造业	0.26	0.95	0.31	0.57	7.16	0.65
造纸及纸制品业	4.56	0.99	10.14	1.54	51.59	1.55
印刷业和记录媒介的复制	0.58	0.48	2.08	0.90	11.49	1.39
文教体育用品制造业	0.74	1.11	1.50	1.11	6.66	0.66
石油加工、炼焦及核燃料加工业	10.05	0.55	24.98	0.64	50.74	0.32
化学纤维制造业	5.69	0.86	13.72	1.43	55.62	1.73
橡胶制品业	5.17	1.33	5.97	1.36	61.44	2.74
塑料制品业	4.59	1.47	9.84	1.85	37.51	1.35
非金属矿物制品业	15.42	1.48	21.58	1.65	70.97	1.13
黑色金属冶炼及压延加工业	20.52	0.71	61.37	1.67	496.13	1.81
有色金属冶炼及压延加工业	7.63	0.87	22.22	1.62	146.49	1.36
金属制品业	7.78	1.75	7.52	1.14	63.93	1.39
化学原料及化学制品制造业	34.94	1.52	65.43	1.99	305.05	2.11
医药制造业	8.80	1.51	28.05	2.50	116.94	3.10
通用设备制造业	31.29	2.53	46.52	3.08	243.48	2.65
专用设备制造业	29.13	3.05	32.18	2.66	203.76	3.55
交通运输设备制造业	44.74	1.88	92.62	2.36	537.60	2.49
电气机械及器材制造业	26.03	1.83	72.73	2.85	374.58	2.43
通信设备、计算机及其他电子设备制造业	27.78	1.80	140.27	2.87	636.30	1.81
仪器仪表及文化、办公用机械制造业	7.36	4.22	9.47	2.47	57.96	1.97

数据来源：根据历年《中国科技统计年鉴》数据整理。

进一步比较分析不同大类行业中各细分行业的企业科技投入金额，可以看出我国各细分行业中的大中型工业企业的科技投入金额也存在显著差距，比如2007年我国劳动密集型行业中企业科技投入金额最高的细分行业是纺织业，科技投入金额是98.54亿元，其次是饮料制造业、造纸及纸制品业和农副食品加工业的57.93亿元、51.59亿元和45.22亿元，其余细分行业的企业科技投入金额则普遍较低，均在36.28亿元以下；资本密集型行业中企业科技投入金额最高的细分行业是黑色金属冶炼及压延加工业，科技投入金额是496.13亿元，其次是有色金属冶炼及压延加工业的146.49亿元，其余细分行业的企业科技投入金额则差距不大，均在37.51亿~70.97亿元；技术密集型行业中企业科技投入金额较高的细分行业是通信设备、计算机及其他电子设备制造业和交通运输设备制造业，科技投入金额分别是636.30亿元和537.60亿元，远远高于医药制造业和仪器仪表及文化、办公用机械制造业的116.94亿元和57.96亿元，其余细分行业的企业科技投入金额则差距不大，均在203.76亿~374.58亿元。

从表4-11中企业的科技活动经费投入强度上看，我国这三大类行业的企业科技投入强度呈现出不同的变化趋势，其中劳动密集型行业的企业科技投入强度从1995年的0.62%逐步上升到了2007年的0.96%，上升了54.84%；资本密集型行业的企业科技投入强度从1995年的0.91%逐步上升到了2007年的1.34%，上升了47.25%；而技术密集型行业的企业科技投入强度从1995年的1.98%上升到了2000年的2.58%，然后又逐步下降到了2007年的2.28%。统计数据表明，我国这三大类行业的企业科技投入强度存在显著差距，其中技术密集型行业的企业科技投入强度一直明显高于劳动密集型行业和资本密集型行业，比如2007年我国技术密集型行业的企业科技投入强度分别是劳动密集型行业和资本密集型行业企业科技投入强度的2.38倍和1.70倍。

进一步比较分析不同大类行业中各细分行业的企业科技投入强度，可以看出我国各细分行业中的大中型工业企业的科技投入强度也存在显著差距，比如2007年我国劳动密集型行业中企业科技投入强度较高的细分行业是饮料制造业、造纸及纸制品业、印刷业和记录媒介的复制，企业科技投入强度分别为1.64%、1.55%和1.39%，其次是食品制造业，纺织业和木材加工及木、竹、藤、棕草制品业的1.06%、1.05%和0.99%，其余细分行业的企业科技投入强度则普遍较低，均保持在0.44%~0.75%；资本密集型行业中企业科技投入强度最高的细分行业是橡胶制品业，企业科技投入强度为2.74%，远远高于石油加工、炼焦及核燃料加工业的0.32%，其余细分行业的企业科技投入强度则差距不大，均保持在1.13%~1.81%；技术密集型行业中企业科技投入强度较高的细分行业是专用设备制造业和医药制造业，企业科技投入强度分别为3.55%和3.10%，其余细分行业的企业科技投入强度则差距不大，均保持在1.81%～2.65%。

第三节　中国企业技术创新绩效分析

一、中国企业专利申请现状

专利是专利权的简称，是对发明人的发明创造经审查合格后，由专利局依据专利法授予发明人和设计人对该项发明创造享有的专有权，包括发明、实用新型和外观设计三种类型。其中，发明专利指对产品、方法或者其改进所提出的新的技术方案；实用新型专利指对产品的形状、构造或者其结合所提出的适于实用的新的技术方案；外观设计专利则指对产品的形状、图案、色彩或者其结合所做出的富有美感并适于在工业上应用的新设计。

（一）我国总体专利申请现状分析

表4－12中数据显示了我国历年总体专利申请数量，从中可以看出我国的专利申请数量在总体上呈现出快速上升的趋势，从2000年的128174件增长到了2010年的1083997件，增长了8.46倍，而且发明、实用新型和外观设计三种类型专利的申请数量均保持着较高的增长速度，其中发明专利申请数量从2000年的23369件增长到了2010年的281451件，增长了12.04倍，年均增长速度为28.26%；实用新型专利申请数量从2000年的60865件增长到了2010年的396436件，增长了6.51倍，年均增长速度为20.61%；外观设计专利申请数量从2000年的43940件增长到了2010年的406110件，增长了9.24倍，年均增长速度为24.90%。

进一步地，从我国三种类型专利申请的比重看，我国发明、实用新型和外观设计三种类型专利所占专利申请总数的比重存在显著差距，其中发明专利申请所占比重一直明显低于实用新型和外观设计专利申请所占比重，2000～2010年，我国发明专利申请所占比重年平均值为22.73%，但发明专利申请所占比重呈现出缓慢上升的趋势，从2000年的18.23%逐步上升到2010年的25.96%；实用新型专利申请所占比重在初期呈现出下降的趋势，从比重最高的2000年的47.49%逐步下降到2007年的30.19%，从2008年开始所占比重又逐步上升到2010年的36.57%，实用新型专利申请所占比重尽管在各年之间存在一些波动，但总体来说呈现出稳步下降的趋势，所占比重年平均值为38.29%；而外观设计专利申请所占比重在初期呈现出上升趋势，从2000年的34.28%逐步递增到2007年的

44.64%，从2008年开始所占比重又有所下降，但总体来说也呈现出稳步上升的趋势，所占比重年平均值为38.98%。统计数据表明，实用新型和外观设计仍然是我国的主要专利申请类型，二者所占专利申请比重超过了77%，而发明专利申请比重尽管有所上升，但是与前两者相比所占比重仍然具有较大差距。

表4-12　我国历年总体专利申请数量　　单位：件，%

年份	申请专利总数	发明专利		实用新型专利		外观设计专利	
		数量	比重	数量	比重	数量	比重
2000	128174	23369	18.23	60865	47.49	43940	34.28
2001	149345	26200	17.54	69546	46.57	53599	35.89
2002	187600	34811	18.56	82384	43.91	70405	37.53
2003	231292	50326	21.76	97541	42.17	83425	36.07
2004	258945	58475	22.58	102082	39.42	98388	38.00
2005	359886	84052	23.36	127661	35.47	148173	41.17
2006	445211	111346	25.01	148991	33.47	184874	41.53
2007	561064	141210	25.17	169372	30.19	250482	44.64
2008	692167	182312	26.34	213987	30.92	295868	42.75
2009	854049	218111	25.54	298917	35.00	337021	39.46
2010	1083997	281451	25.96	396436	36.57	406110	37.46
年均			22.73		38.29		38.98

数据来源：根据历年《中国科技统计年鉴》数据整理，不包括香港、澳门和台湾地区数据。

（二）我国企业专利申请现状分析

大中型工业企业作为我国技术创新体系的主要执行部门，在我国历年的专利申请中均发挥了重要作用，从图4-4中可以看出我国大中型工业企业的专利申请数量从2000年的11819件逐步递增到了2010年的198890件，10年间增长了16.83倍，年均增长速度达到了32.62%，而其中发明专利申请数量从2000年的2792件逐步递增到了2010年的72523件，10年间增长了25.98倍，年均增长速度达到了38.50%。从大中型工业企业专利申请所占全国专利申请数量的比重看，所占比重呈现出逐步上升的趋势，从2000年的9.22%逐步上升到了2010年的18.35%，所占比重年平均值为14.93%。

进一步可以看出，企业发明专利申请占企业专利申请比重也呈现出逐步上升的趋势，所占比重从2000年的23.62%逐步上升到了2010年的36.46%，所占比重年平均值为32.29%，明显高于全国发明专利申请所占比重，充分表明我国企业技术创新获得了显著绩效。

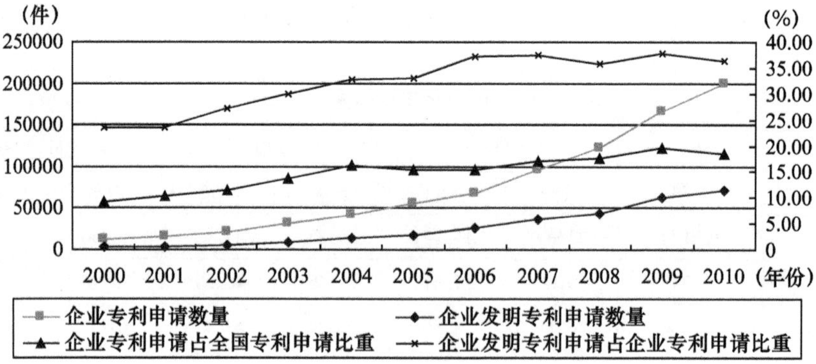

图4-4　我国企业历年专利申请数量

数据来源：根据历年《中国科技统计年鉴》数据整理。

表4-13　我国企业专利申请数量分类统计　　单位：件

类别		2001年		2005年		2008年	
		专利数量	每万人均专利	专利数量	每万人均专利	专利数量	每万人均专利
企业类型	内资企业	12442	100.07	38350	275.80	89663	474.49
	港澳台商投资企业	1755	301.32	8434	740.57	14708	683.42
	外商投资企业	1142	172.42	8487	485.43	17705	487.92
地区	东部地区	11467	160.43	43062	442.46	95304	636.75
	中部地区	1812	48.86	5523	127.90	14544	242.46
	西部地区	2045	72.77	6681	245.21	12113	329.33
行业	劳动密集型行业	2584	187.47	5844	321.25	14250	581.95
	资本密集型行业	2095	77.72	7011	221.03	15276	339.92
	技术密集型行业	9479	126.07	40649	430.20	87424	590.89

数据来源：根据历年《中国科技统计年鉴》数据整理，其中统计指标每万人均专利等于专利申请数量与科技活动人员数量（万人）之比。

从表4-13中内资企业、港澳台商投资企业和外商投资企业的专利申请数量看，我国这三种类型企业的专利申请数量均呈现出快速上升的趋势，其中内资企业的专利申请数量从 2001 年的 12442 件增长到了 2008 年的 89663 件，增长了 7.21 倍，年均增长速度为 32.60%；港澳台商投资企业的专利申请数量从 2001 年的 1755 件增长到了 2008 年的 14708 件，增长了 8.38 倍，年均增长速度为 35.49%；外商投资企业的专利申请数量从 2001 年的 1142 件增长到了 2008 年的 17705 件，增长了 15.50 倍，年均增长速度为 47.93%。可以看出，尽管我国内资企业专利申请数量的增长速度明显低于港澳台商投资企业和外商投资企业，但内资企业的专利申请数量远远多于后二者，比如 2008 年我国内资企业的专利申请数量分别是港澳台商投资企业和外商投资企业专利申请数量的 6.10 倍和 5.06 倍，占我国大中型工业企业当年专利申请总量的 73.45%。

进一步地，从内资企业、港澳台商投资企业和外商投资企业的每万人均专利申请数量上看，我国经济中这三种类型企业的技术创新效率均获得了显著提升，其中内资企业的每万人均专利申请数量从 2001 年的 100.07 件增长到了 2008 年的 474.49 件，增长了 4.74 倍；港澳台商投资企业的每万人均专利申请数量从 2001 年的 301.32 件增长到了 2008 年的 683.42 件，增长了 2.27 倍；外商投资企业的每万人均专利申请数量从 2001 年的 172.42 件增长到了 2008 年的 487.92 件，增长了 2.83 倍。总体来看，内资企业的技术创新效率一直低于港澳台商投资企业和外商投资企业，其中内资企业的技术创新效率与外商投资企业差距较小，但与港澳台商投资企业相比仍然偏低，比如 2008 年内资企业的每万人均专利申请数量仅是港澳台商投资企业的 69.43%。

从表 4－13 中东部地区、中部地区和西部地区企业的专利申请数量上看，我国这三大地区企业的专利申请数量均呈现出快速上升的趋势，其中东部地区企业的专利申请数量从 2001 年的 11467 件增长到了 2008 年的 95304 件，增长了 8.31 倍，年均增长速度为 35.33%；中部地区企业的专利申请数量从 2001 年的 1812 件增长到了 2008 年的 14544 件，增长了 8.03 倍，年均增长速度为 34.65%；西部地区企业的专利申请数量从 2001 年的 2045 件增长到了 2008 年的 12113 件，增长了 5.92 倍，年均增长速度为 28.93%。可以看出我国东部地区企业专利申请数量的增长速度明显高于中部和西部地区企业，而且东部地区企业的专利申请数量远远多于后二者，比如 2008 年我国东部地区企业的专利申请数量分别是中部和西部地区企业专利申请数量的 6.55 倍和 7.87 倍，占我国大中型工业企业当年专利申请总量的 78.14%。进一步从东部、中部和西部地区企业的每万人均专利申请数量上看，我国这三大地区企业的技术创新效率均获得了显著提升，其中东部地区企业的每万人均专利申请数量从 2001 年的 160.43 件增长到了 2008 年的 636.75 件，增长了 3.97 倍；中部地区企业的每万人均专利申请数量从 2001 年的 48.86 件增长到了 2008 年的 242.46 件，增长了 4.96 倍；西部地区企业的每万人均专利申请数量从2001年的72.77件增长到了2008年的329.33件，增长了4.53倍。总体来看，我国三大地区企业的技术创新效率存在显著差距，其中东部地区企业的技术创新效率一直明显高于中部和西部地区企业，比如2008年东部地区企业的每万人均专利申请数量分别是中部和西部地区企业的2.63倍和1.93倍。

从表4－13中劳动密集型行业、资本密集型行业和技术密集型行业企业的专利申请数量上看，我国这三大类行业企业的专利申请数量均呈现出快速上升的趋势，其中劳动密集型行业企业的专利申请数量从2001年的2584件增长到了2008年的14250件，增长了5.51倍，年均增长速度为27.62%；资本密集型行业企业的专利申请数量从2001年的2095件增长到了2008年的15276件，增长了7.29倍，年均增长速度为32.82%；技术密集型行业企业的专利申请数量从2001年的9479件增长到了2008年的87424件，增长了9.22倍，年均增长速度为37.35%。可以看出我国技术密集型行业企业专利申请数量的增长速度明显高于劳动密集型行业和资本密集型行业企业，而且技术密集型行业企业的专利申请数量远远多于后二者，比如2008年我国技术密集型行业企业的专利申请数量分别是劳动密集型行业和资本密集型行业企业专利申请数量的6.14倍和5.72倍，占我国大中型工业企业当年专利申请总量的74.75%。

进一步地，从劳动密集型行业、资本密集型行业和技术密集型行业企业的每万人均专利申请数量上看，我国这三大类行业企业的技术创新效率均获得了显著提升，其中劳动密集型行业企业的每万人均专利申请数量从2001年的187.47件增长到了2008年的581.95件，增长了3.10倍；资本密集型行业企业的每万人均专利申请数量从2001年的77.72件增长到了2008年的339.92件，增长了4.37倍；技术密集型行业企业的每万人均专利申请数量从2001年的126.07件增长到了2008年的590.89件，增长了4.69倍。总体来看，我国三大类行业企业的技术创新效率存在显著差距，其中资本密集型行业企业的技术创新效率一直明显低于劳动密集型行业和技术密集型行业企业，比如2008年资本密集型行业企业的每万人均专利申请数量分别是劳动密集型行业和技术密集型行业企业的58.41%和57.53%。

二、中国企业新产品销售现状

工业经济作为我国经济发展的核心驱动力量，历年来均保持着快速增长的趋势，从图4－5中可以看出，我国大中型工业企业的产品总销售收入从2000年的49846.91亿元逐步增长到了2010年的433191.01亿元，10年间增长了8.69倍，年均增长速度达到了24.14%，而其中新产品销售收入从2000年的7641.37亿元逐步增长到了2010年的72863.90亿元，10年间增长了9.54倍，年均增长速度达到了25.30%，略高于产品总销售收入的年均增长速度。

进一步从新产品占产品总销售收入的比重看，所占比重在2000~2005年基本在15%左右小幅度波动，2005年之后则呈现出缓慢上升的趋势，所占比重从2005年的14.61%上升到了2010年的16.82%，所占比重年平均值为15.60%。表4-14中数据进一步显示了我国大中型工业企业新产品销售收入的分类统计情况。

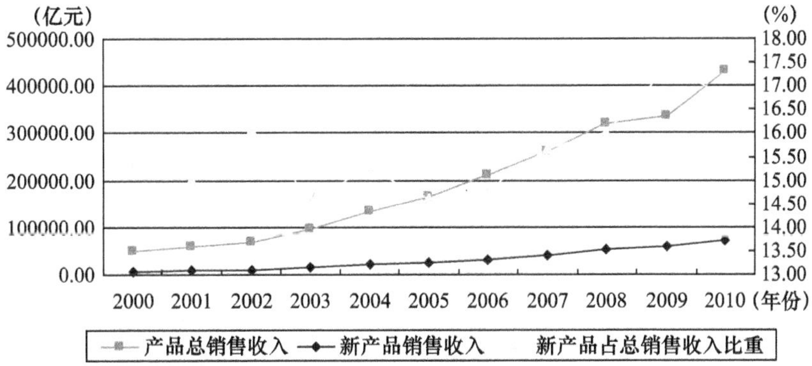

图4-5 我国企业历年新产品销售收入

数据来源：根据历年《中国科技统计年鉴》数据整理。

表4-14 我国企业新产品销售收入分类统计 单位：亿元,%

类别		2001年		2005年		2010年	
		金额	比重	金额	比重	金额	比重
企业类型	内资企业	5390.13	12.41	14921.67	13.48	45553.25	15.54
	港澳台商投资企业	878.97	16.84	2935.61	16.29	6534.60	14.34
	外商投资企业	2524.81	25.64	6239.81	17.19	20776.05	22.00
地区	东部地区	6990.08	17.61	18611.68	16.18	53176.65	18.72
	中部地区	1054.92	9.49	3314.54	11.13	12071.38	13.62
	西部地区	731.65	9.72	2161.68	10.85	7521.82	12.64
行业	劳动密集型行业	748.35	7.26	2021.42	7.81	7137.67	11.26
	资本密集型行业	1163.78	8.44	4773.77	10.40	12615.88	10.52
	技术密集型行业	6786.46	29.59	16954.33	25.29	52358.45	28.94

数据来源：根据历年《中国科技统计年鉴》数据整理。

从表4-14中内资企业、港澳台商投资企业和外商投资企业的新产品销售收入金额上看，我国这三种类型企业的新产品销售收入金额均呈现出快速上升的趋势，其中内资企业的新产品销售收入金额从2001年的5390.13亿元增长到了2010年的45553.25亿元，增长了8.45倍，年均增长速度为26.76%；港澳台商投资企业的新产品销售收入金额从2001年的878.97亿元增长到了2010年的6534.60亿元，增长了7.43倍，年均增长速度为24.97%；外商投资企业的新产品销售收入金额从2001年的2524.81亿元增长到了2010年的20776.05亿元，增长了8.23倍，年均增长速度为26.39%。可以看出，我国三种类型企业新产品销售收入金额的增长速度差距不大，但内资企业的新产品销售收入金额远远大于港澳台商投资企业和外商投资企业，比如2010年我国内资企业的新产品销售收入金额分别是港澳台商投资企业和外商投资企业新产品销售收入金额的6.97倍和2.19倍，占我国大中型工业企业当年新产品销售收入总金额的62.52%。

进一步从内资企业、港澳台商投资企业和外商投资企业的新产品销售收入比重上看，我国经济中这三种类型企业的新产品销售收入比重呈现出不同的变化趋势，其中内资企业的新产品销售收入比重从2001年的12.41%逐步上升到了2010年的15.54%，港澳台商投资企业的新产品销售收入比重从2001年的16.84%逐步下降到了2010年的14.34%，外商投资企业的新产品销售收入比重则先从2001年的25.64%下降到了2005年的17.19%，又逐步上升到了2010年的22.00%。总体来看，在初期，内资企业的新产品销售收入比重明显低于港澳台商投资企业和外商投资企业，但到2010年时，内资企业的新产品销售收入比重已经略高于港澳台商投资企业，但与外商投资企业相比仍有较大差距，所占比重仅是后者的70.64%。

从表4-14中东部地区、中部地区和西部地区企业的新产品销售收入金额上看，我国这三大地区企业的新产品销售收入金额均呈现出快速上升的趋势，其中东部地区企业的新产品销售收入金额从2001年的6990.08亿元增长到了2010年的53176.65亿元，增长了7.61倍，年均增长速度为25.29%；中部地区企业的新产品销售收入金额从2001年的1054.92亿元增长到了2010年的12071.38亿元，增长了11.44倍，年均增长速度为31.10%；西部地区企业的新产品销售收入金额从2001年的731.65亿元增长到了2010年的7521.82亿元，增长了10.28倍，年均增长速度为29.55%。可以看出，尽管我国东部地区企业的新产品销售收入金额的增长速度明显低于中部地区和西部地区企业，但是东部地区企业的新产品销售收入金额远远多于后二者，比如2008年我国东部地区企业的新产品销售收入金额分别是中部地区和西部地区企业新产品销售收入金额的4.41倍和7.07倍，占我国大中型工业企业当年新产品销售收入总金额的73.08%。

进一步从东部地区、中部地区和西部地区企业的新产品销售收入比重上看，我国经济中这三大地区企业的新产品销售收入比重均呈现出了缓慢上升的趋势，其中东部地区企业的新产品销售收入比重先从 2001 年的 17.61% 下降到了 2005 年的 16.18%，又逐步上升到了 2010 年的 18.72%，而中部地区和西部地区企业的新产品销售收入比重分别从 2001 年的 9.49% 和 9.72% 逐步上升到了 2010 年的 13.62% 和 12.64%。总体来看，我国这三大地区企业的新产品销售收入比重存在显著差距，其中东部地区企业的新产品销售收入比重一直明显高于中部地区和西部地区企业，比如 2010 年东部地区企业的新产品销售收入比重分别是后二者的 1.37 倍和 1.48 倍。

从表 4－14 中劳动密集型行业、资本密集型行业和技术密集型行业企业的新产品销售收入金额上看，我国这三大类行业企业的新产品销售收入金额均呈现出快速上升的趋势，其中劳动密集型行业企业的新产品销售收入金额从 2001 年的 748.35 亿元增长到了 2010 年的 7137.67 亿元，增长了 9.54 倍，年均增长速度为 28.48%；资本密集型行业企业的新产品销售收入金额从 2001 年的 1163.78 亿元增长到了 2010 年的 12615.88 亿元，增长了 10.84 倍，年均增长速度为 30.32%；技术密集型行业企业的新产品销售收入金额从 2001 年的 6786.46 亿元增长到了 2010 年的 52358.45 亿元，增长了 7.72 倍，年均增长速度为 25.49%。可以看出，尽管我国技术密集型行业企业的新产品销售收入金额的增长速度明显低于劳动密集型行业和资本密集型行业企业，但是技术密集型行业企业的新产品销售收入金额远远多于后二者，比如 2010 年我国技术密集型行业企业的新产品销售收入金额分别是劳动密集型行业和资本密集型行业企业新产品销售收入金额的 7.34 倍和 4.15 倍，占我国大中型工业企业当年新产品销售收入总金额的 72.61%。

进一步从劳动密集型行业、资本密集型行业和技术密集型行业企业的新产品销售收入比重上看，我国经济中这三大类行业企业的新产品销售收入比重呈现出不同的变化趋势，其中劳动密集型行业和资本密集型行业企业的新产品销售收入比重分别从 2001 年的 7.26% 和 8.44% 逐步上升到了 2010 年的 11.26% 和 10.52%，而技术密集型行业企业的新产品销售收入比重则先从 2001 年的 29.59% 下降到了 2005 年的 25.29%，又逐步上升到了 2010 年的 28.94%。总体来看，我国这三大类行业企业的新产品销售收入比重存在显著差距，其中技术密集型行业企业的新产品销售收入比重一直明显高于劳动密集型行业和资本密集型行业企业，比如 2010 年技术密集型行业企业的新产品销售收入比重分别是后二者的 2.57 倍和 2.75 倍。

三、中国出口贸易结构的变迁

（一）我国出口贸易统计分析

自改革开放以来，我国货物出口贸易额从 1978 年的 97.5 亿美元迅速增长到了2012年的20487.1亿美元，30多年间增长了210.12倍，年均增长速度达到了17.03%，出口贸易已经成为了拉动中国经济高速增长的“三驾马车”之一，而出口贸易作为一国国内产业发展的镜像，出口贸易结构的变迁可以有效地反映出一国企业技术创新的绩效。国际贸易标准分类（SITC）一级分类将出口商品分为食品及活动物、饮料及烟草、非食用原料、矿物燃料润滑油及有关原料、动植物油脂及蜡、化学品及有关产品、轻纺橡胶矿冶产品及其制品、机械及运输设备、杂项制品和未分类的其他商品等0～9类十种类别，其中0～4类为初级产品，5～9类为工业制成品。

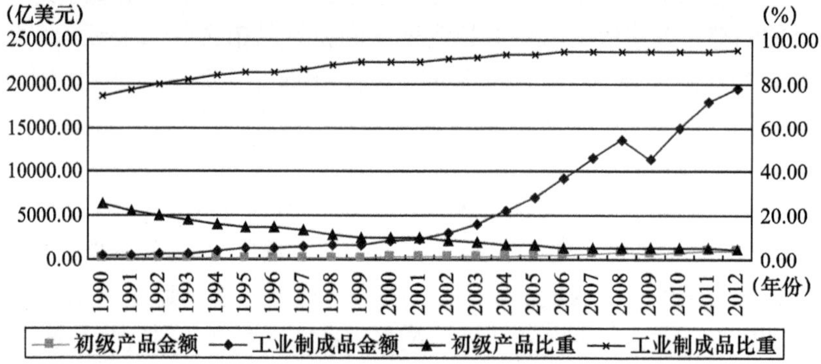

图4-6　我国历年货物出口贸易分类统计

数据来源：根据历年《中国统计年鉴》数据整理。

从图4-6中可以看出，我国初级产品的出口金额从1990年的158.86亿美元逐步增长到了2012年的1005.58亿美元，增长了6.33倍，年均增长速度为8.75%，而工业制成品的出口金额从1990年的462.05亿美元逐步增长到了2012年的19481.56亿美元，增长了42.16倍，年均增长速度为18.54%，远远高于初级产品出口金额的增长速度。

进一步从初级产品和工业制成品占我国货物出口总金额的比重看，二者所占比重呈现出明显不同的变化趋势，其中初级产品所占比重一直缓慢下降，从1990年的25.59%逐年下降到了2012年的4.91%，而工业制成品所占比重则一直稳步上升，从1990年的74.41%逐年上升到了2012年的95.09%，远远高于初级产品所占比重，已经成为我国货物出口的绝对优势产品。

我们进一步将工业制成品中的5类和7类划分为资本技术密集型产品，6类和8类划分为劳动密集型产品，图4-7中数据进一步显示了我国历年工业制成品出口贸易的分类统计。从图中可以看出，我国劳动密集型产品出口金额从1990年的252.62亿美元逐步增长到了2012年的8688.13亿美元，增长了34.39倍，年均增长速度为17.45%，而资本技术密集型产品的出口金额从1990年的93.18亿美元逐步增长到了2012年的10779.27亿美元，增长了115.68倍，年均增长速度为24.10%，远远高于劳动密集型产品出口金额的增长速度。从劳动密集型产品和资本技术密集型产品占我国工业制成品出口金额的比重看，二者所占比重呈现出明显不同的变化趋势，其中劳动密集型产品所占比重逐步下降，从1990年的73.05%逐年下降到了2012年的44.63%，而资本技术密集型产品所占比重则一直稳步上升，从1990年的26.95%逐年上升到了2012年的55.37%，且自2003年开始资本技术密集型产品所占比重一直高于劳动密集型产品，已经成为我国工业制成品出口中的主要类别。我国国家统计局还制订了《高技术产业统计分类目录》，将医药制造业、航空航天器制造、电子及通信设备制造业、电子计算机及办公设备制造业和医疗设备及仪器仪表制造业等产业划分为高技术产业，并对高技术产品的出口贸易进行了统计。

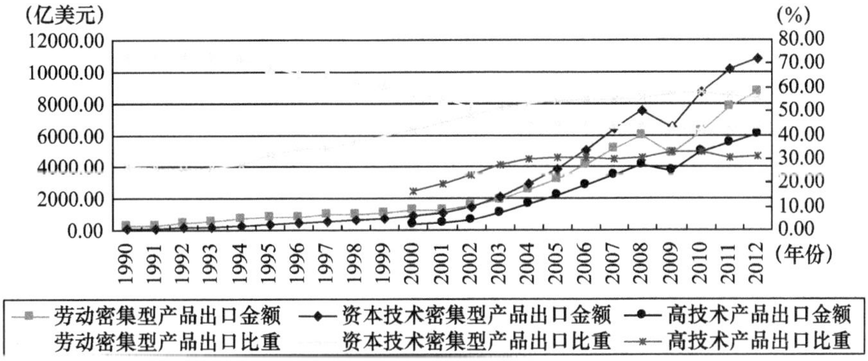

图4-7　我国历年工业制成品出口贸易分类统计

数据来源：根据历年《中国统计年鉴》和《中国科技统计年鉴》数据整理。

从图4-7中可以看出我国高技术产品的出口金额从2000年的370.43亿美元增长到了2012年的6011.73亿美元，增长了16.25倍，年均增长速度为26.15%，远远高于总体工业制成品出口金额的增长速度，而高技术产品占工业制成品出口总金额的比重从2000年的16.55%逐步上升到了2012年的30.88%，进一步表明了我国出口贸易结构得到优化，从而我国的企业技术创新获得了显著绩效。

（二）我国与发达国家的出口相似度

Finger和Kreinin（1979）提出了出口相似度指数（Export Similarity Index，ESI），通过比较任意两个国家在世界市场或者第三方市场上出口产品结构的相似程度来度量一国的出口产品技术水平的变迁，其度量方法如下：

两个国家 a 和 b 出口产品到另一市场 c，则两国出口相似度指数的计算公式为：

$$ESI(ab,c) = 100 \times \sum_i \min(S_{ati}, S_{bti})$$

式中，S_{ati}表示国家 a 在年份 t 时出口某产品 i 到市场 c 的金额占该国出口到市场 c 总金额的比重，S_{bti}表示国家 b 在年份 t 时出口某产品 i 到市场 c 的金额占该国出口到市场 c 总金额的比重。ESI 的取值范围是［0，100］，当指数取值为 0 时，表示两国的出口产品结构完全不一样，当指数取值为 100 时，表示两国的出口产品结构完全一样，该指数的取值不受一国出口规模的影响。

一般来说，世界上发达国家出口产品的技术水平普遍高于发展中国家，由此我们计算我国与主要发达国家出口产品结构的出口相似度指数，如果该指数取值趋于上升，则表明我国出口技术水平获得提升，进一步则意味着我国企业技术创新获得了显著绩效。图 4－8 中数据显示了依据 HS6 位编码计算的 1997～2008 年我国与世界上主要发达国家的出口相似度指数（ESI）。可以看出我国与世界上主要发达国家的出口相似度指数均获得了明显提升，比如我国与美国的出口相似度指数从 1997 年的 27.65% 上升到 2008 年的 34.77%，与日本的出口相似度指数从 1997 年的 25.82% 上升到 2008 年的 33.33%，与德国的出口相似度指数从 1997 年的 26.49% 上升到 2008 年的 34.57%。但整体看，我国与发达国家的出口相似度指数仍然偏低，比如截至 2008 年我国与这些发达国家的出口相似度指数均低于 37%，尤其是与加拿大的出口相似度指数仅有 22.28%，表明我国企业的出口商品结构尽管已经获得了一定程度的优化，但与发达国家相比仍然具有较大差距，需要我国政府和企业在未来继续加大技术创新投入。

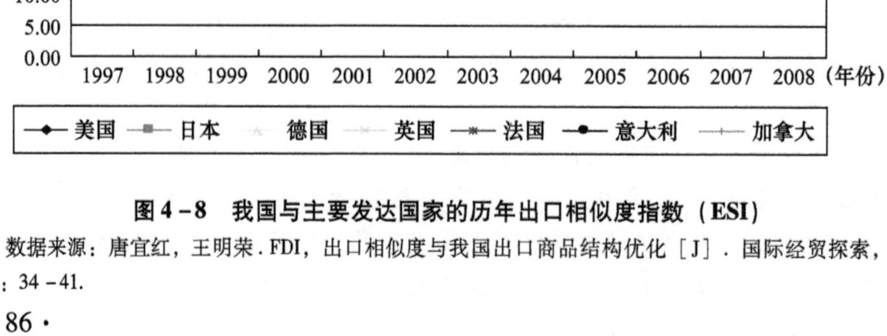

图 4－8 我国与主要发达国家的历年出口相似度指数（ESI）

数据来源：唐宜红，王明荣．FDI，出口相似度与我国出口商品结构优化［J］．国际经贸探索，2010（4）：34－41.

第五章　政府资助与企业技术创新
——基于中国省级面板数据的实证检验

第一节　计量模型的构建

前文从宏观层面分析了我国政府资助和企业技术创新的现状，本节将利用我国省级面板数据对政府补贴与企业技术创新之间的关系进行实证分析。目前，国内外已有较多学者采用宏观经济数据实证分析了这一问题。

Levy 和 Terleckyj（1983）采用美国国家科学基金会（NSF）时间序列数据，研究发现，NSF 合同研发资助与企业研发支出显著正相关，而其他资助形式在当期并不能显著促进企业研发支出。Guellec 和 Pottelsberghe（1997）采用 OECD 国家数据研究发现，政府对企业研发活动的财政资助和税收优惠政策均能促进企业研发投资，两者对企业研发投资的促进作用是相互替代的，且这种促进效应与政府对企业研发的资助率之间呈明显的倒 U 型关系。

朱平芳和徐伟民（2003）采用上海市大中型工业企业行业面板数据研究发现，政府直接资助和税收优惠均能显著促进企业自筹研发投入，并且两种政策工具具有互补性，但政府直接资助对企业专利产出却没有产生显著影响。

白俊红（2011）采用中国大中型工业企业分行业数据研究发现，政府资助对企业研发投资具有明显的促进作用，并且显著提升了企业的专利产出和新产品销售收入。李瑞茜和白俊红（2013）进一步运用门槛面板回归模型研究发现企业规模、技术水平和产权类型以及政府研发资助强度均与政府研发资助效果呈显著的倒 U 型关系，而企业绩效与政府研发资助效果具有单调正相关关系。

李平和王春晖（2010）采用中国大中型工业企业的行业面板数据研究发现，我国政府研发资助有效提升了企业研发动机，并没有挤出企业自身研发投入，且政府研发资助促进效应存在显著的行业差异性，同时各行业中的最优政府研发资助强度也存在着明显差异性。但也有一些学者对政府资助的有效性有不同研究结论。

Lichtenberg（1984）采用美国产业层面数据研究发现，联邦政府每增加 1 美元研发投资，企业自身将减少 8 美分的研发投资，表明政府公共研发投资对企业研发投资具有挤出效应。

Mamuneas 和 Nadiri（1996）采用美国制造业行业数据研究发现，政府公共资助研发会挤出企业研发投资，且这种挤出效应因产业不同而表现出明显差异性。

许治和师萍（2005）利用我国时间序列数据研究发现，政府对国有科研机构的科技资助对企业研发投资具有促进效应，但是政府对企业和高校的科技资助对企业研发投资具有挤出效应。

姜宁和黄万（2010）采用中国高技术产业面板数据研究发现政府资助因行业不同而对企业研发投资产生促进或挤出的不同效应。

本节在对政府研发资助与企业技术创新之间关系的实证分析过程中需要构建两个计量模型，一是考察政府研发资助对企业技术创新投入影响的模型，二是考察政府研发资助对企业技术创新产出影响的模型，接下来对两个计量模型分别进行构建。

（一）政府研发资助对企业技术创新投入影响的计量模型

在评价政府研发资助对企业技术创新投入的影响时，一般是将企业自筹的研发投入作为被解释变量，把政府研发资助作为解释变量进行回归分析，并在计量模型中加入一些可能影响企业自筹研发投入的控制变量。因此，本书将企业自筹研发投入设定为政府研发资助、金融机构贷款及企业销售收入等变量的函数，另外，考虑到企业技术创新活动具有连续性，在计量模型控制变量中加入滞后一期的被解释变量进而得到动态面板数据计量模型，这样既可以反映企业技术创新活动的动态特征，而且被解释变量的滞后项还可以作为模型所省略控制变量的代理变量，以缓解计量模型存在的遗漏变量问题，回归方程的基本形式如下：

$$\begin{aligned}\ln ER_{it} &= c + \alpha_1 \ln ER_{it-1} + \alpha_2 \ln GR_{it} + \alpha_3 \ln FR_{it} \\ &\quad + \alpha_4 \ln SALE_{it} + province_i + year_t + \varepsilon_{it} \qquad (5-1)\end{aligned}$$

式中，i 表示省份，t 表示年度；ER、GR、FR 和 $SALE$ 分别表示企业自筹研发投入、政府研发资助、金融机构贷款和企业销售收入；c 为常数项，$province_i$ 表示不随时间变化的省份效应，$year_t$ 表示不随省份变化的时间效应，ε_{it}表示随机误差项。α_2 为政府研发资助变量的回归系数，当回归系数为正且显著时，表示政府研发资助和企业自筹研发投入是互补关系，即政府研发资助能够促进企业自筹研发投入；当回归系数为负且显著时，表示两者是替代关系，即政府研发资助会挤出企业自筹研发投入；当回归系数不显著时，无法确定政府研发资助对企业自筹研发投入的影响。

（二）政府研发资助对企业技术创新产出影响的计量模型

借鉴 Griliches（1979）的研究思路，本书将政府研发资助纳入计量分析框架，设定如下形式的拓展型柯布—道格拉斯知识生产函数：

$$Y = AGR^{\beta_1}K^{\beta_2}L^{\beta_3}e^{\gamma} \quad (5-2)$$

式中，Y 为企业技术创新产出，GR 为政府研发资助，K 为企业研发资本存量，L 为企业研发人员；β_i 是知识生产函数中各变量相应的产出弹性；A 为常数，e 为自然对数的底。需要说明的是式（5－2）中企业技术创新产出的投入要素 K 为企业研发资本存量，而不是式（5－1）中的企业自筹研发投入 ER。之所以选取企业研发资本存量这一变量，是因为企业在知识生产过程中，每一期的研发投入不仅直接影响当期的知识生产，而且对后期的知识生产也能持续产生影响（Griliches，1980），而存量指标企业研发资本存量可以准确反映企业知识生产过程中的这种特征。

我们将式（5－2）两边的变量分别取对数，并将滞后一期的被解释变量、省份效应、时间效应和随机误差项分别纳入计量模型，构建如下形式的动态面板回归方程：

$$\ln Y_{it} = c + \beta \ln Y_{it-1} + \beta_2 \ln GR_{it} + \beta_3 \ln K_{it} + \beta_4 \ln L_{it} + province_i + year_t + \varepsilon_{it} \quad (5-3)$$

第二节 数据描述与实证检验

一、变量说明与统计描述

本书利用我国大中型工业企业省级面板数据从宏观层面上实证分析政府研发资助对企业技术创新的影响，所采用的原始数据均来源于 1998～2009 年的《中国科技统计年鉴》和《中国统计年鉴》。之所以选取我国大中型工业企业作为研究对象，一是因为我国统计年鉴中只统计了大中型工业企业的技术创新数据，二是因为我国政府研发资助的企业对象主要是大中型工业企业，而且我国私人部门的研发活动也主要集中于大中型工业企业中。根据前文表 3－8 中统计数据，2000 年，我国企业研发经费内部支出总额为 537 亿元，其中大中型工业企业研发经费内部支出总额为353.4亿元，所占比重为65.81%；2012年，我国企业研发经费内部支出总额为7842.2亿元，其中大中型企业研发经费内部支出总额为5992.3亿元，所占比重为76.41%。从中可以看出大中型工业企业在我国企业技术创新体系中一直占有主导地位，因此选取大中型工业企业实证分析政府研发资助对企业技术创新的影响有充分的代表性。由于西藏自治区和海南省相关统计数据缺失严重，为了保证数据分析的连贯性，本书选取了中国大陆其余29个省份1997～2008年的面板数据对上述计量模型进行回归分析，同时为了去掉价格因素对回归分析结果的影响，本书对所用到的价格数据均以1997年为基期作了价格平减。计量模型中各变量的选取说明如下。

（一）被解释变量

企业自筹研发投入 *ER*：《中国科技统计年鉴》中没有统计我国大中型工业企业分省份的自筹研发经费投入，只统计了科技活动经费筹集中的不同来源资金，从统计指标定义上看研发活动是指在科学技术领域，为增加知识总量以及运用这些知识去创造新的应用而进行的系统的、创造性的活动。而科技活动则指在科学技术领域中与科技知识的产生、发展、传播和应用密切相关的有组织的活动。可以看出，科技活动经费的统计口径大于研发经费，这更符合本书中所定义的技术创新的含义，由此我们选取各省份科技活动经费筹集中的企业资金作为企业自筹研发投入变量 *ER* 的统计数据。

企业技术创新产出变量 *Y*：国内外一些学者在实证分析中用专利数据度量企业技术创新产出，专利数据确实能够反映企业的技术能力和活力，是衡量企业发明创造能力和设计能力的较好指标，但专利数据作为技术创新产出的指标存在不足，这是因为专利数据度量的是技术发明而非技术创新，发明不一定是技术创新，只有成功实施了商业化并产生了经济效益的发明才是技术创新。实际上，有许多的专利从来没有投入到商业应用中，中国的专利技术转化率更是远低于国际水平，因而用专利去度量技术创新很可能存在高估的可能性。也有不少学者用新产品销售收入来度量企业技术创新水平，新产品销售收入越大表明其市场价值越大，因而在一定程度上考虑了产品创新的重要程度和市场价值，有利于弥补用专利数据衡量技术创新时存在的不足。由此，我们选取我国大中型工业企业分省份的新产品销售收入作为企业技术创新产出变量 *Y* 的统计数据。

（二）解释变量

与企业自筹研发投入变量 *ER* 指标选取的方法同理，我们选取各省份科技活动经费筹集中的政府资金和金融机构贷款资金作为政府研发资助变量 *GR* 和金融机构贷款变量 *FR* 的统计数据；为了数据统计口径一致，我们选取各省份科技活动人员数作为企业研发人员变量 *L* 的统计数据，而企业销售收入变量 *SALE* 可以从统计年鉴数据中直接获得。

关于企业研发资本存量 K，本书借鉴 Griliches（1980）、吴延兵（2006）的方法，采用永续盘存法进行核算，即当期的企业研发资本存量等于当期的研发支出现值与滞后一期的研发资本存量之和，企业研发资本存量 K 的计算公式如下：

$$K_t = R_t/P_t + (1-\delta) \times K_{t-1} \tag{5-4}$$

根据上式计算企业研发资本存量 K 时需要核算：

企业当期研发支出 R：与企业自筹研发投入 ER 指标选取的方法同理，我们选取科技活动经费内部支出作为企业当期研发支出变量的统计数据。

研发支出价格指数 P：我国大中型工业企业科技活动经费内部支出主要由劳务费、原材料费和固定资产购建费构成，经测算可知 1997～2008 年劳务费、原材料费和固定资产购建费所占科技活动经费内部支出的年平均比重分别为 25%、35% 和 40%，由此我们把企业研发支出价格指数定义为居民消费价格指数、原材料价格指数和固定资产投资价格指数的加权平均。

研发资本存量的折旧率 δ：Pakes 和 Schankerman（1984）认为，由于知识一般更新换代较快而且知识扩散会使得知识的专用性迅速降低，从而企业研发资本存量的折旧率通常会高于物质资本存量的折旧率，由此我们选用文献中广泛应用的 15% 作为研发资本存量的折旧率（Griliches，1980；吴延兵，2006）。

基期研发资本存量 K_0：根据 Coe 和 Helpman（1995）的方法，假定企业研发资本存量的增长率等于企业实际研发支出的增长率，则

$$\frac{K_t - K_{t-1}}{K_{t-1}} = \frac{E_t - E_{t-1}}{E_{t-1}} = g \tag{5-5}$$

式中，E_t（即 R_t/P_t）为企业当期实际研发支出，g 为实际研发支出 E_t 的年平均增长率。当 $t=1$ 时，

$$K_1 = (1+g) \times K_0 \tag{5-6}$$

根据式(5-4)，当 $t=1$ 时，

$$K_1 = R_1/P_1 + (1-\delta) \times K_0 = E_1 + (1-\delta) \times K_0 \tag{5-7}$$

利用式(3-6)和式(3-7)，可得基期研发资本存量 K_0 的计算公式如下：

$$K_0 = E_1/(g+\delta) \tag{5-8}$$

计量模型中各变量的详细定义和度量方法如表 5-1 所示，对这些变量的描述性统计分析见表 5-2。本书同时绘制了政府研发资助变量与企业自筹研发投入和企业新产品销售收入变量的散点图，如图 5-1 中两子图所示，政府研发资助变量与企业自筹研发投入和企业新产品销售收入变量均呈明显的正向关系，这为接下来的实证分析提供了参考。

表 5-1 变量的定义和度量

变量名	定义	度量方法
Y	新产品销售收入	各省份新产品销售收入，用工业品出厂价格指数平减成 1997 年不变价
ER	企业自筹研发投入	各省份科技活动经费筹集中企业资金金额，用研发支出价格指数平减成 1997 年不变价
GR	政府研发资助	各省份科技活动经费筹集中政府资金金额，用研发支出价格指数平减成 1997 年不变价
FR	金融机构贷款	各省份科技活动经费筹集中金融机构贷款金额，用研发支出价格指数平减成 1997 年不变价
SALE	企业销售收入	各省份企业销售收入，用工业品出厂价格指数平减成 1997 年不变价
L	企业研发人员	各省份科技活动人员数
K	企业研发资本存量	各省份研发资本存量，用永续盘存法将各省份科技活动经费内部支出折算成企业研发资本存量

数据来源：历年《中国科技统计年鉴》和《中国统计年鉴》，表中变量均为原始数值，计量分析时各变量均取对数。

表 5-2 变量的统计特征

变量	均值	标准差	最小值	最大值
ln*y*	14. 520	1. 677	8. 777	17. 896
ln*er*	12. 402	1. 286	9. 249	15. 463
ln*gr*	9. 543	1. 074	6. 034	11. 976
ln*fr*	9. 925	1. 386	5. 551	13. 227
ln*sale*	16. 857	1. 148	13. 870	19. 688
ln*l*	10. 570	0. 920	8. 060	12. 741
ln*k*	13. 709	1. 248	10. 662	16. 761

数据来源：历年《中国科技统计年鉴》和《中国统计年鉴》，表中变量均为对数形式。

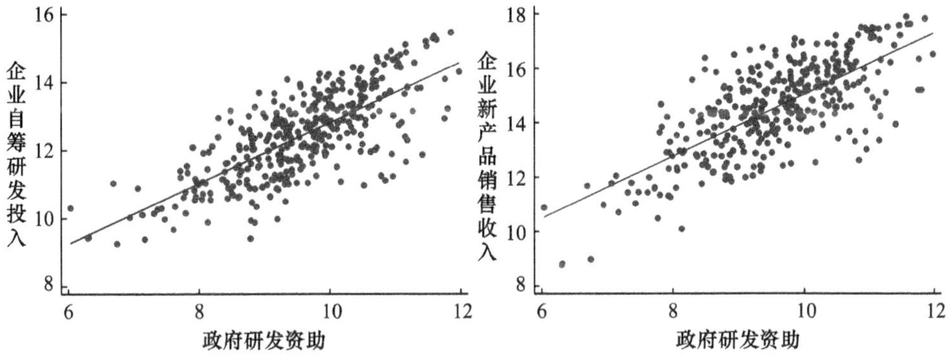

(a) 政府资助与企业自筹研发投入 (b) 政府资助与企业新产品销售收入

图5－1 政府研发资助与企业技术创新

二、实证检验

(一) 面板数据的单位根检验

由于经济统计数据一般都会存在一定的时间趋势，为了防止计量回归分析时出现虚假回归问题，我们首先对所采用面板数据的平稳性进行单位根检验，本书分别采用了 LLC、IPS 和 ADF－Fisher 三种方法对面板数据进行了平稳性检验。

表5－3 变量的单位根检验

变量	LLC	IPS	ADF－Fisher	结论
ln*y*	－21.737*** (0.000)	－3.182*** (0.000)	183.368*** (0.000)	平稳
ln*er*	－16.027*** (0.000)	－3.239*** (0.000)	168.517*** (0.000)	平稳
ln*gr*	－17.319*** (0.000)	－3.137*** (0.000)	187.636*** (0.000)	平稳
ln*fr*	－20.918*** (0.000)	－2.965*** (0.000)	218.935*** (0.000)	平稳
ln*sale*	－22.139*** (0.000)	－2.971*** (0.000)	181.283*** (0.000)	平稳
ln*l*	－17.252*** (0.000)	－2.985*** (0.000)	176.392*** (0.000)	平稳
ln*k*	－18.078*** (0.000)	－3.072*** (0.000)	231.629*** (0.000)	平稳

注：括号内数值为显著性概率，*** 表示1%的显著性水平。

各种检验方法的原假设均为面板数据存在单位根过程，其中 LLC 检验方法假定横截面各序列的单位根过程相同，而 IPS 和 ADF - Fisher 检验方法假设横截面各序列的单位根过程不同，详细检验结果如表 5 -3 所示。可以看出三种检验方法均拒绝了各面板数据变量存在单位根的原假设，表明各变量均为平稳序列，可以直接采用前文所建立的计量模型进行回归分析。

（二）回归估计结果

由于以计量方程右边出现被解释变量的滞后项作为解释变量，从而动态面板模型存在内生性问题，由此我们采用广泛应用处理内生性问题的广义矩估计（GMM）方法进行回归估计。动态面板数据分析有两种 GMM 方法，一种是 Arellano 和 Bond（1991）提出的差分 GMM 方法，其分析思路是首先对回归估计方程进行一阶差分从而去掉固定效应的影响，然后再用解释变量的滞后项作为一阶差分方程的工具变量；另一种是 Arellano 和 Bover（1995）、Blundell 和 Bond（1998）提出的系统 GMM 方法，其分析思路是在把解释变量的滞后项作为一阶差分方程的工具变量的基础上，将解释变量一阶差分的滞后项作为原水平变量估计方程的工具变量，该方法将水平方程和差分方程作为一个系统同时估计，因而比差分 GMM 方法更加有效。因此本书采用系统 GMM 方法对前文所构建的两个计量模型进行回归分析，详细估计结果如表 5 -4 和表 5 -5 所示。动态面板回归估计结果的可靠性依赖于工具变量是否有效及模型设置是否合理，其中 Sargan 检验用来检验回归分析所选用工具变量的过度识别问题，可以看出各回归方程中的 Sargan 检验值均不显著，表明回归分析所选工具变量有效；AR（1）和 AR（2）检验用来分析回归方程差分后的残差项是否存在一阶和二阶序列相关，AR（1）和 AR（2）的值表明差分后的残差项只存在一阶序列相关而不存在二阶序列相关，因而可以认为模型设置合理有效。可以看出，政府资助变量对企业自筹研发投入和新产品销售收入的影响系数分别为 0.079 和 0.128，且均在 1% 水平上显著，这与 Levy 和 Terleckyj（1983）、Guellec 和 Pottelsberghe（1999，2000）、朱平芳和徐伟民（2003）、白俊红（2011）、李平和王春晖（2010）等国内外学者的研究结论保持一致，表明政府资助能显著促进企业技术创新。

表 5 -4　政府资助对企业研发投入的影响

变量	模型 1（OLS）	模型 2（FE）	模型 3（GMM）
ln*gr*	0.326***	0.287***	0.095***
	(23.28)	(18.16)	(7.63)
ln*fr*	0.219***	0.182***	0.062***
	(16.26)	(12.91)	(6.29)

续表

变量	模型 1（OLS）	模型 2（FE）	模型 3（GMM）
ln*sale*	0.618 *** (26.31)	0.527 *** (23.28)	0.161 *** (8.65)
l. ln*er*			0.729 *** (21.76)
_ Cons	1.692 *** (13.85)	1.213 *** (9.32)	0.879 *** (7.28)
Sargan 检验			17.18
AR（1）检验			-3.29 ***
AR（2）检验			-0.28
N	348	348	319

注：本书同时列出了 OLS 和 FE 估计结果，回归结果保持一致；***、** 和 * 分别表示在 1%、5% 和 10% 的显著性水平上显著，括号内为 z 或 t 统计量值。

表 5-5　政府资助对企业新产品销售收入的影响

变量	模型 1 （OLS）	模型 2 （FE）	模型 3 （GMM）
ln*gr*	0.195 *** (15.23)	0.178 *** (11.82)	0.128 *** (8.79)
ln*k*	0.589 *** (22.31)	0.563 *** (18.95)	0.267 *** (9.72)
ln*l*	0.387 *** (19.23)	0.371 *** (17.82)	0.182 *** (10.36)
l. ln*y*			0.623 *** (18.37)
_ Cons	1.382 *** (11.32)	1.163 *** (9.35)	0.982 *** (7.39)
Sargan 检验			21.68
AR（1）检验			-3.16 ***
AR（2）检验			-0.31
N	348	348	319

注：本书同时列出了 OLS 和 FE 估计结果，回归结果保持一致；***、** 和 * 分别表示在 1%、5% 和 10% 的显著性水平上显著，括号内为 z 或 t 统计量值。

考虑到我国国土面积幅员辽阔，不同省份之间的经济规模、产业结构以及产业政策等显著不同，因而我国不同地区的政府科技资助效果可能也存在一定的差异性，我们根据各省份的经济发展水平，将中国划分为东部地区、中部地区和西部地区，以比较分析不同地区的政府科技资助效果。从表5－6中的分样本回归结果可以看出，东部地区、中部地区和西部地区样本中政府科技资助对企业新产品销售收入的影响系数分别为0.139、0.121和0.116，且均在1%水平上显著，这表明尽管我国各地区政府研发资助均有效地促进了企业技术创新，但政府科技资助效果存在一定的地区差异性。

表5－6 政府资助对企业新产品销售收入的影响（分样本检验）

变量	模型1（东部地区）	模型2（中部地区）	模型3（西部地区）
ln*gr*	0.139*** (11.26)	0.121*** (7.93)	0.116*** (6.38)
ln*k*	0.286*** (11.28)	0.251*** (8.35)	0.243*** (7.52)
ln*l*	0.217*** (13.92)	0.169*** (8.79)	0.163*** (8.16)
l. ln*y*	0.521*** (16.23)	0.672*** (20.31)	0.685*** (21.67)
_ Cons	0.876*** (5.23)	1.135*** (9.72)	1.186*** (11.29)
Sargan检验	23.72	22.19	20.35
AR（1）检验	－3.72***	－3.51***	－3.23***
AR（2）检验	－0.35	－0.32	－0.29
N	319	319	319

注：***、**和*分别表示在1%、5%和10%的显著性水平上显著，括号内为z统计量值。

（三）稳健性检验结果

傅家骥（1998）认为，技术创新为“企业家抓住市场的潜在盈利机会，以获取商业利益为目标，重新组织生产条件和要素，建立起效能更强、效率更高和费用更低的生产经营系统，从而推出新的产品，新的生产（工艺）方法，开辟新的市场、获得新的原材料或半成品供给来源或建立企业的新的组织，它是包括科技、组织、商业和金融等一系列活动的综合过程”。我国政府则明确指出“技术创新是指企业应用创新的知识和新技术、新工艺，采用新的生产方式和经营管理模式，提高产品质量，开发生产新的产品，提供新的服务，占据市场并实现市场价值”。可以看出，尽管对于技术创新的定义有所不同，但技术创新的核心内容是产品创新和工艺创新。工艺创新作为技术创新的重要内容之一，可以有效提高企业的生产效率和产品质量，产生显著的经济和社会效益，然而新产品销售收入指标并不能反映企业的工艺创新，因此如果只用新产品销售收入度量企业技术创新可能会低估企业技术创新水平。由此本书测算了我国各省份大中型工业企业的劳动生产率，如图 5 -2 所示，我国各省份企业的劳动生产率尽管在个别年份有所波动，但总体上均保持着较快的增长速度。我们将计量模型 2 中的被解释变量替换为企业劳动生产率重新进行了稳健性回归检验，回归结果如表 5 -7 所示，可以看出政府资助变量对企业劳动生产率的影响系数为 0. 169，且在 1% 水平上显著，这与前文的研究结论保持一致，也与邵敏和包群（2012）、任曙明和吕镯（2014）的研究结论一致，表明政府资助确实能显著促进企业技术创新。

表 5 -7 替换关键指标的稳健性检验

变量	模型 1 （OLS）	模型 2 （FE）	模型 3 （GMM）
ln*gr*	0. 237 *** （22. 38）	0. 192 *** （16. 26）	0. 169 *** （13. 77）
ln*k*	0. 562 *** （18. 19）	0. 529 *** （16. 35）	0. 278 *** （8. 36）
ln*l*	0. 338 *** （19. 19）	0. 312 *** （16. 19）	0. 173 *** （9. 81）
l. ln*lp*			0. 631 *** （23. 83）
_ Cons	1. 387 *** （12. 30）	0. 978 *** （8. 13）	0. 831 *** （6. 85）
Sargan 检验			27. 39 ***
AR（1）检验			-3. 61 ***
AR（2）检验			-0. 36
N	348	348	319

注：本书同时列出了 OLS 和 FE 估计结果，回归结果保持一致；***、** 和 * 分别表示在 1%、5% 和 10% 的显著性水平上显著，括号内为 z 或 t 统计量值。

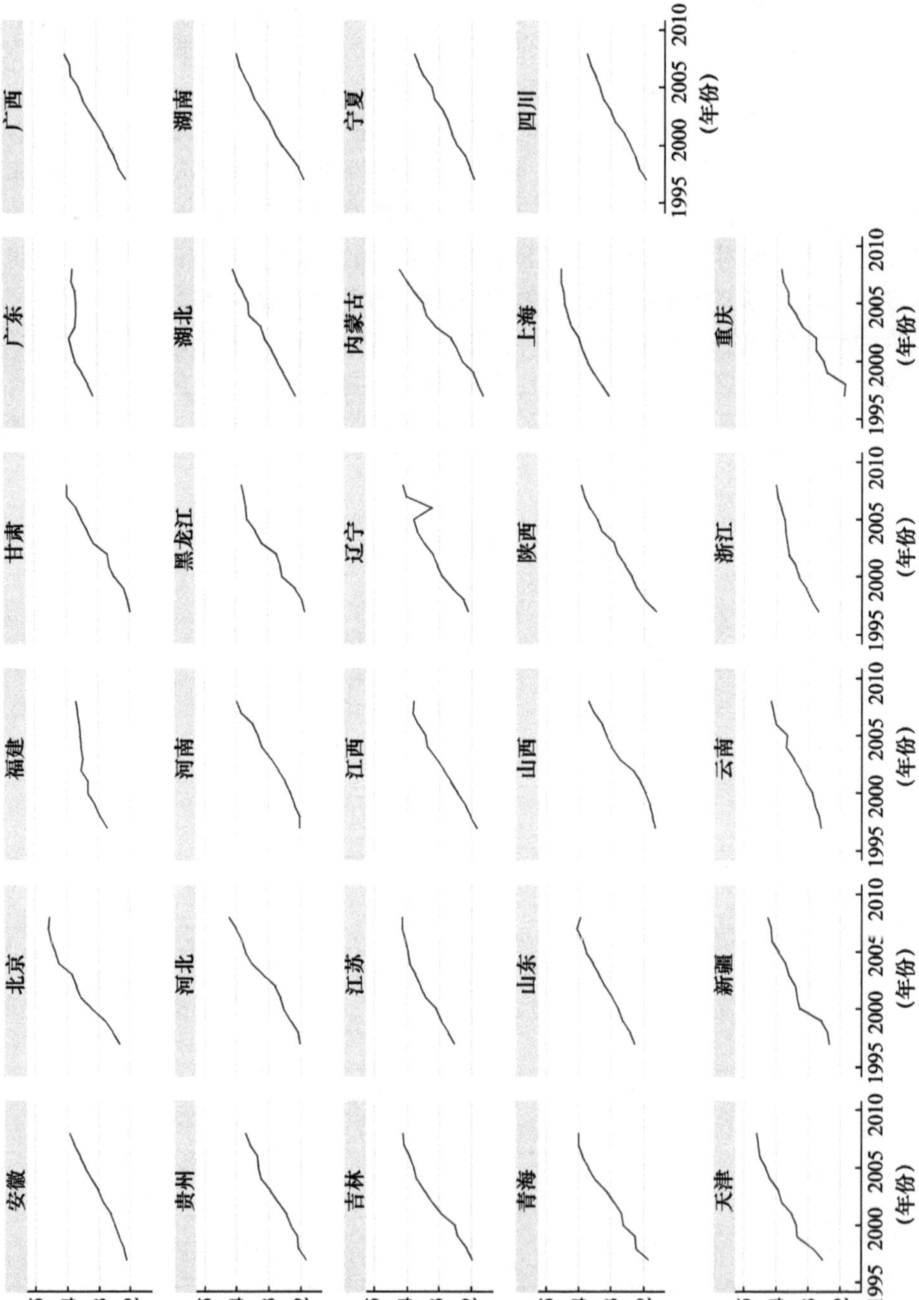

图5-2　我国各省份大中型工业企业的劳动生产率

三、研究结论

本节在前文政府资助和企业技术创新现状描述的基础上，采用我国大中型工业企业省级面板数据，从宏观层面上实证分析了政府资助对企业技术创新的影响，之所以选择大中型工业企业作为研究对象，是因为我国政府研发资助的企业对象主要是大中型工业企业，而且大中型工业企业在我国企业技术创新体系中一直具有主导地位，选取大中型工业企业实证分析政府研发资助对企业技术创新的影响有充分的代表性。

本节在对政府研发资助与企业技术创新之间关系的实证分析过程中构建了两个计量模型，一是考察政府研发资助对企业自筹研发投入影响的模型，二是考察政府研发资助对企业技术创新产出影响的模型。本书在对计量模型中变量描述性统计分析后，绘制了政府资助变量与企业自筹研发投入和企业新产品销售收入变量的散点图，可以看出政府资助变量与企业自筹研发投入和企业新产品销售收入变量均呈明显的正向关系，这为接下来的实证分析提供了一个参考。

由于经济统计数据一般都会存在一定的时间趋势，为了防止计量回归分析时出现虚假回归问题，我们首先对所采用面板数据进行了单位根检验，结果表明各变量均为平稳序列，可以直接采用前文所建立的计量模型进行回归分析。由于以计量方程右边出现被解释变量的滞后项作为解释变量，从而动态面板模型存在内生性问题，由此本节采用了广泛应用处理内生性问题的系统 GMM 方法进行回归估计，回归结果表明政府资助显著促进了企业自筹研发投入和提升了新产品销售收入，这表明政府资助能显著促进企业技术创新。考虑到我国各省份经济发展水平不同，因而我国不同地区的政府科技资助效果可能也存在一定的差异性，我们根据各省份的经济发展水平将中国划分为东部地区、中部地区和西部地区比较分析不同地区的政府科技资助效果，回归结果表明，尽管我国各地区政府研发资助均有效地促进了企业技术创新，但政府科技资助效果存在一定的地区差异性。

企业技术创新的核心内容包括产品创新和工艺创新，然而新产品销售收入指标并不能反映企业的工艺创新，因此如果只用新产品销售收入来度量企业技术创新可能会低估企业技术创新水平。由此本书进一步测算了我国各省份大中型工业企业的劳动生产率，并将被解释变量替换为企业劳动生产率重新进行了稳健性回归检验，结果表明，政府资助能显著提升企业劳动生产率，这与前文的研究结论保持一致，表明政府资助确实能显著促进企业技术创新。

第三节 政府资助促进效应的门限特征分析

上节我们实证分析了政府研发资助与企业技术创新的关系，多角度检验结果均表明我国政府资助显著促进了企业技术创新，但从分样本检验结果中可以看出，我国政府资助企业技术创新的效果在不同地区存在明显差异性，其原因可能在于我国各地区的经济发展水平、人力资本水平以及地方政府科技政策等宏观经济因素会影响政府研发资助效果，由此我们建立计量模型对影响我国政府研发资助效果的宏观经济因素进行进一步深入分析。在分析通过影响解释变量而对被解释变量产生差异影响的第三方影响因素时，传统研究方法一般包括划分样本分组检验和构造交叉连乘项检验两种方法。分组检验是指根据研究样本某方面指标将样本划分为不同子样本，然后分别对子样本进行回归分析以得到相应的回归系数，这种方法比较适用于定性第三方影响因素，但当第三方影响因素为定量指标时，则就会因难以确定分组标准而影响研究结论。交叉连乘项检验方法比较适用于定量第三方影响因素，该方法的不足是其测定第三方影响因素对解释变量的影响是单调递增或递减的，难以反映第三方影响因素对解释变量的非线性影响。为此，Hansen（1999）提出了一种基于面板数据的门限回归非线性计量模型，该方法是对分组检验方法的一种拓展，可以弥补以上两种检验方法的不足，从而获得了国内外学者的广泛使用。

一、门限回归模型的构建

本节政府资助影响企业技术创新的门限回归模型建立在 Hansen（1999）的面板数据回归模型的基础上，其研究思路如下：

对于面板数据 $\{y_{it},\ x_{it},\ q_{it}:\ 1\leqslant i\leqslant N,\ 1\leqslant t\leqslant T\}$，其中 i 表示个体，t 表示时间，Hansen（1999）设定了以下固定效应门限回归模型：

$$\begin{cases} y_{it}=u_i+\beta'_1x_{it}+\varepsilon_{it} & \text{if} \quad q_{it}\leqslant\gamma \\ y_{it}=u_i+\beta'_2x_{it}+\varepsilon_{it} & \text{if} \quad q_{it}>\gamma \end{cases} \tag{5-9}$$

式中，y_{it}为被解释变量，x_{it}为外生解释变量，与干扰项 ε_{it}不相关，q_{it}为门限变量，γ 为待估计的门限值，进一步可简化式(5－9)可得

$$y_{it}=u_i+\beta'_1x_{it}\times I(q_{it}\leqslant\gamma)+\beta'_2x_{it}\times I(q_{it}>\gamma)+\varepsilon_{it} \tag{5-10}$$

式中，$I(\cdot)$为一个示性函数，当括号内的条件满足时取值为 1，否则取值为 0。假设 $\beta=\begin{pmatrix}\beta'_1\\ \beta'_2\end{pmatrix}$，$x_{it}(\gamma)=\begin{cases}x_{it}\times I(q_{it}\leqslant\gamma)\\ x_{it}\times I(q_{it}>\gamma)\end{cases}$，则式(5－10)等价于

$$y_{it} = u_i + \beta' x_{it}(\gamma) + \varepsilon_{it} \tag{5-11}$$

对每一个观察值做组内均值差分处理，可得

$$y_{it}^* = \beta' x_{it}^*(\gamma) + \varepsilon_{it}^* \tag{5-12}$$

其中，$y_{it}^* = y_{it} - \frac{1}{T}\sum_{t=1}^{T} y_{it}$

$$x(\gamma)_{it}^* = x(\gamma)_{it} - \frac{1}{T}\sum_{t=1}^{T} x(\gamma)_{it}$$

$$\varepsilon_{it}^* = \varepsilon_{it} - \frac{1}{T}\sum_{t=1}^{T} \varepsilon_{it}$$

为了表述清晰，式(5-12)可以矩阵形式改写为

$$Y^* = X^*(\gamma)\beta + \varepsilon^* \tag{5-13}$$

式中，$Y^* = \begin{bmatrix} y_1^* \\ \vdots \\ y_i^* \\ \vdots \\ y_n^* \end{bmatrix}$，$y_i^* = \begin{bmatrix} y_{i2}^* \\ \vdots \\ y_{iT}^* \end{bmatrix}$，$Y^*$ 和 ε^* 与此类似。

对于给定的 γ 值，可以采用普通最小二乘法(OLS)得到斜率参数 β 的一致估计量，即

$$\hat{\beta}(\gamma) = \frac{X^*(\gamma)'Y^*}{X^*(\gamma)'X^*(\gamma)} \tag{5-14}$$

相应的残差向量和残差平方和分别为

$$\hat{\varepsilon}^*(\gamma) = Y^* - X^*(\gamma)\hat{\beta}(\gamma) \tag{5-15}$$

$$S_1(\gamma) = \hat{\varepsilon}^*(\gamma)'\hat{\varepsilon}^*(\gamma) \tag{5-16}$$

然后采用最小二乘法最小化残差平方和 $S_1(r)$，可以获得 γ 的估计值为

$$\hat{\gamma} = \underset{\gamma}{\operatorname{argmin}} S_1(\gamma) \tag{5-17}$$

一旦得到了 $\hat{\gamma}$，便进而可以得到斜率系数的估计量 $\hat{\beta} = \hat{\beta}(\hat{\gamma})$，以及残差向量 $\hat{\varepsilon}^* = \hat{\varepsilon}^*(\hat{\gamma})$ 和残差方差 $\left(\hat{\sigma}^2 = \frac{S_1(\hat{\gamma})}{N(T-1)}\right)$。得到参数估计值后，需要进行两方面的检验：

第一是检验模型是否存在门限效应，该检验的原假设为 $H_0: \beta_1 = \beta_2$，相应的备择假设为 $H_0: \beta_1 \neq \beta_2$，似然比检验统计量为

$$F_1 = \frac{S_0 - S_1(\hat{\gamma})}{\hat{\sigma}^2} = \frac{S_0 - S_1(\hat{\gamma})}{S_1(\hat{\gamma})/N(T-1)} \tag{5-18}$$

式中，S_0 为在原假设条件下得到的残差平方和，在原假设下门限值 γ 无法识

别，因而 F_1 统计量的分布是非标准的，Hansen（1999）研究表明，采用自体抽样法（Bootstrap）可以获得其渐进分布，进而构造其 p 值。

第二是检验门限的估计值是否等于其真实值，原假设为 $H_0: \gamma = \gamma_0$，似然比检验统计量为

$$LR_1(\gamma) = \frac{S_1(\gamma) - S_1(\hat{\gamma})}{\hat{\sigma}^2} \tag{5-19}$$

与单门限模型类似，双门限模型可表示为

$$y_{it} = u_i + \beta'_1 x_{it} \times I(q_{it} \leqslant \gamma_1) + \beta'_2 x_{it} \times I(\gamma_1 < q_{it} \leqslant \gamma_2) + \beta'_3 x_{it} \times I(\gamma_2 < q_{it}) + \varepsilon_{it} \tag{5-20}$$

根据以上分析构造本节的门限回归方程，如仅存在单门限效应，则回归方程表示为

$$\begin{aligned} \ln Y_{it} = c &+ \beta_1 \ln GR_{it} \times I(q_{it} \leqslant \gamma) + \beta_2 \ln GR_{it} \times I(q_{it} > \gamma) + \\ &\lambda_1 \ln K_{it} + \lambda_2 \ln L_{it} + province_i + year_t + \varepsilon_{it} \end{aligned} \tag{5-21}$$

如存在双门限效应则回归方程表示为

$$\begin{aligned} \ln Y_{it} = c &+ \beta_1 \ln GR_{it} \times I(q_{it} \leqslant \gamma_1) + \beta_2 \ln GR_{it} \times I(\gamma_1 < q_{it} \leqslant \gamma_2) + \\ &\beta_3 \ln GR_{it} \cdot I(\gamma_2 < q_{it}) + \lambda_1 \ln K_{it} + \lambda_2 \ln L_{it} + province_i + year_t + \varepsilon_{it} \end{aligned} \tag{5-22}$$

二、门限变量选择与数据描述

本书参考相关研究文献将影响政府研发资助效果的宏观因素概括为政府研发资助强度、金融市场效率、人力资本水平和知识产权保护水平四个方面，以此构建门限变量，并分别考察各门限变量的门限值所划分的不同区间内政府研发资助对企业技术创新影响的差异性，在数据选择方面本节仍然使用 1997～2008 年中国 29 个省份的面板数据进行实证分析。

（一）政府研发资助强度

尽管已有较多的研究文献表明，政府研发资助能有效促进企业技术创新，但也有一些研究文献认为政府研发资助对企业技术创新的影响是非线性的。

Guellec 和 Pottelsberghe（1997）采用 OECD 国家数据研究发现，政府研发资助对企业研发投资的影响与政府研发资助率之间呈明显的倒 U 型关系，即这种促进效应随着政府资助率提高而上升，而到达一个临界点后这种促进效应将随政府资助率提高而下降，当政府资助率继续提高超过一定程度后，政府资助将对企业研发投资产生挤出效应。

Gorg 和 Strobl（2007）采用爱尔兰制造业企业数据也发现政府小额适度补贴能够促进企业研发投资，但补贴过多则会挤出企业研发投资。我国不同省份之间政府研发资助强度存在着明显的差异性，由此我们以政府研发资助强度构建门限

变量，考察不同政府研发资助强度区间中政府研发资助对企业技术创新的差异性影响。

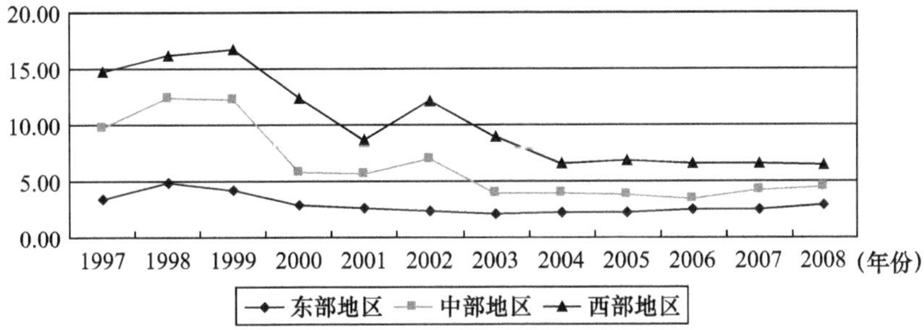

图 5－3　我国各地区政府研发资助强度

数据来源：根据历年《中国科技统计年鉴》数据整理所得。

在指标选择方面，我们以企业科技活动经费筹集金额中政府资金所占百分比作为政府研发资助强度的统计指标，图 5－3 描绘了我国东部地区、中部地区和西部地区 1997～2008 年政府研发资助强度的变化趋势，可以看出我国政府对这三大地区企业的资助强度均呈现出缓慢下降的趋势，且我国政府对三大地区企业的科技资助强度存在明显差距，其中西部地区企业的科技资助强度一直最高，其次是中部地区企业，而东部地区企业的研发资助强度一直最低。

（二）金融市场效率

Blackburn 和 Hung（1998）从融资功能的角度分析了金融发展对企业技术创新的影响，认为不完善的金融体系使得企业技术创新活动难以筹集足够的外部资金，金融发展缓解了企业融资约束，有利于新技术的采用，促进了知识和技术密集产业的发展。

King 和 Levine（1993）认为，金融体系不仅给企业技术创新活动提供了资金支持，而且使得投资者和企业家共同承担了技术创新的风险，因而金融体系具备的这种风险分散功能有利于促进企业技术创新。

解维敏和方红星（2011）研究发现，银行业市场化改革的推进和地区金融发展积极地促进了我国企业的研发投资，且这种促进效应在小规模企业和私有产权控制的企业中更为明显，同时政府干预会削弱金融发展对企业研发投资的促进效应。企业技术创新离不开金融市场的支持，而我国不同省份之间金融市场效率存在着明显的差异性，这势必会影响我国政府研发资助效果，由此我们以金融市场效率构建门限变量，考察不同金融市场效率区间中政府研发资助对企业技术创新的差异性影响。

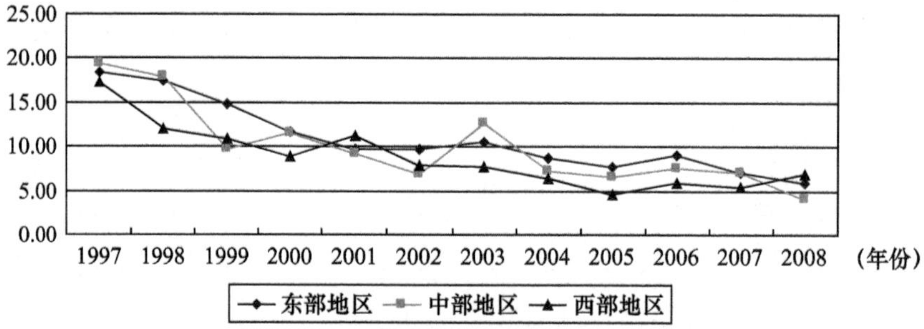

图 5－4　我国各地区金融市场效率

数据来源：根据历年《中国科技统计年鉴》数据整理所得。

在指标选择方面我们以企业科技活动经费筹集金额中金融机构贷款资金所占百分比作为金融市场效率的统计指标，图 5－4 中描绘了我国东部地区、中部地区和西部地区 1997～2008 年金融市场效率的变化趋势，可以看出我国东部地区金融市场效率高于中西部地区，但这三大地区企业的金融市场效率均呈现出缓慢下降的趋势。

（三）人力资本水平

张宇（2008）采用中国省级面板数据检验了 FDI 流入的技术外溢效应，研究发现我国不同省份之间的 FDI 技术外溢效应存在明显的差异性，而各省份不同的人力资本水平是导致这种差异的重要影响因素之一。

李梅和柳士昌（2012）进一步采用中国省级面板数据检验了我国 OFDI（对外直接投资）的逆向技术溢出效应，研究发现，我国 OFDI 的逆向技术溢出效应在不同地区存在明显差异，显著的逆向溢出效应仅发生在我国东部地区，从而也认为人力资本等因素会对技术溢出效应产生影响。

周经和刘厚俊（2011）采用省级面板数据检验了国际贸易和知识产权对我国技术创新中的影响，研究结果也认为我国各省份的人力资本水平对我国技术创新会产生门限效应。人力资本是企业技术创新的重要投入之一，我国不同省份之间人力资本水平存在着明显的差异性，这势必会影响我国政府研发资助效果，由此我们以人力资本水平构建门限变量，考察不同人力资本水平区间中政府研发资助对企业技术创新的差异性影响。

在指标选择方面，我们以各省份大中型工业企业中科研人员所占全部员工的百分比作为人力资本水平的统计指标，图 5－5 中描绘了我国东部地区、中部地区和西部地区 1997～2008 年人力资本水平的变化趋势，可以看出我国这三大地区人力资本水平均呈现出缓慢上升的趋势，在初期我国三大地区企业的人力资本水平存在明显差距，其中东部地区的人力资本水平明显高于中西部地区，但近年来三大地区的人力资本水平呈现出一种收敛的态势。

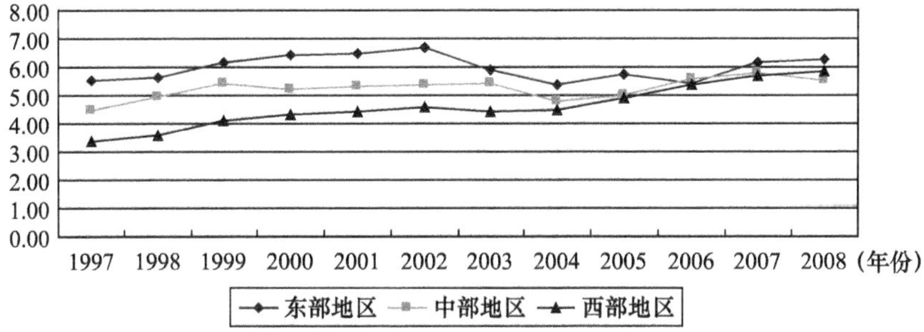

图5-5　我国各地区人力资本水平

数据来源：根据历年《中国科技统计年鉴》数据整理所得。

（四）知识产权保护水平

Arrow（1962）认为，知识产品具有非竞争性和非排他性的公共物品属性，从社会总体福利的角度来看，新知识应该无偿为公众所使用，以提高社会知识资本存量的积累速度，使得新知识获得最优利用，但是这样却不能为研发投资提供激励，会导致技术创新活动的“市场失灵”现象，由此开启了学者们对知识产权保护的研究。

Nordhaus（1969）认为，延长知识产权保护期限有利于激励企业技术创新，但是会产生垄断低效率的负面效应。

而Horii和Iwaisako（2007）认为，尽管加强知识产权保护能有效降低模仿，提升技术创新的收益，但是过强的知识产权保护力度将会导致市场垄断和竞争减少，而自由竞争比垄断更有利于促进创新，因而过强的知识产权保护力度反而不利于技术创新，他们由此认为技术创新与知识产权保护之间呈一种倒U型关系。政府研发资助和知识产权保护均是克服技术创新活动“市场失灵”的手段，而我国不同省份之间知识产权保护水平存在着明显的差异性，这势必会影响我国政府研发资助效果，由此我们以知识产权保护水平构建门限变量，考察不同知识产权保护水平区间中政府研发资助对企业技术创新的差异性影响。

在指标选择方面，我们借鉴胡凯等（2012）的方法以各省份技术市场交易额所占该省份地区生产总值的百分比作为知识产权保护水平的统计指标，图5-6中描绘了我国东部地区、中部地区和西部地区1997～2008年知识产权保护水平的变化趋势，可以看出我国东部地区知识产权保护水平明显高于中西部地区，而且我国三大地区知识产权保护水平呈现出不同的变化趋势，其中东部地区知识产权保护水平一直稳步上升，而中西部地区知识产权保护水平则变化不大。

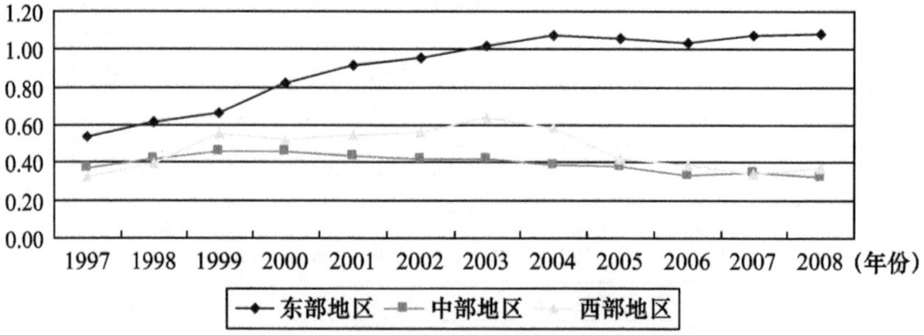

图 5－6　我国各地区知识产权保护水平

数据来源：根据历年《中国科技统计年鉴》和《中国统计年鉴》数据整理所得。

三、实证检验

根据以上分析，本书选取政府研发资助强度、金融市场效率、人力资本水平及知识产权保护水平作为影响政府研发资助效果的门限变量，运用前文中建立的门限回归模型依次对上述影响因素进行门限检验和回归估计。

（一）门限检验

首先是门限效应检验。我们依次在不存在门限、单重门限和双重门限的原假设下对模型进行估计，所得到的 F 统计量和运用 Bootstrap 法获得的 P 值如表 5－8 所示。从表中可以看出，政府研发资助强度和金融市场效率均存在两个门限值，而人力资本水平和知识产权保护水平均存在一个门限值。在表 5－8 中，同时对各门限变量进行了描述性统计分析，可以看出各门限变量波动较大，比如政府研发资助强度的最大值为 38.113%，而最小值仅为 0.610%，最大值是最小值的 62.48 倍。

表 5－8　门限效应检验结果

门限变量	政府研发资助强度	金融市场效率	人力资本水平	知识产权保护水平
单一门限检验	39.27*** (0.000)	36.81*** (0.000)	28.16*** (0.000)	23.68*** (0.000)
双重门限检验	18.35*** (0.000)	13.79** (0.021)	5.29 (0.328)	6.23 (0.435)

续表

门限变量	政府研发资助强度	金融市场效率	人力资本水平	知识产权保护水平
三重门限检验	6.32 (0.379)	5.29 (0.286)	2.87 (0.531)	3.18 (0.672)
样本均值	6.332	9.223	4.695	0.737
样本标准差	5.903	6.650	1.454	1.337
样本最小值	0.610	0.310	1.819	0.006
样本最大值	38.113	37.486	8.748	9.922

注：括号上方数值为门限检验相应的 F 统计量，括号内数值为采用 Bootstrap 方法自助抽样获得的 P 值，***、** 和 * 分别表示在 1%、5% 和 10% 的显著性水平上显著。

表 5－9 门限值估计结果

门限变量	门限值 1		门限值 2	
	估计值	95% 置信区间	估计值	95% 置信区间
政府研发资助强度	4.835	[2.386, 7.163]	10.692	[9.831, 13.953]
金融市场效率	6.278	[4.312, 8.796]	13.729	[11.291, 15.183]
人力资本水平	5.687	[2.923, 7.867]		
知识产权保护水平	0.682	[0.127, 2.836]		

其次是门限估计值检验。各门限的估计值和相应的 95% 置信区间如表 5－9 所示。可以看出政府研发资助强度的双重门限值分别为 4.835% 和 10.692%，金融市场效率的双重门限值分别为 6.278% 和 13.729%，而人力资本水平和知识产权保护水平的单重门限值分别为 5.687% 和 0.682%。

（二）回归估计结果

1. 政府研发资助强度

政府研发资助强度对政府研发资助效果的影响呈现出双重门限特征，从表 5－10 模型 1 中可以看出，当政府研发资助强度低于 4.835% 时，政府研发资助对企业技术创新的影响系数为 0.172，当政府研发资助强度高于 4.835% 时，政府研发资助对企业技术创新的影响系数为 0.237，而当政府研发资助强度高于 10.692% 时，政府研发资助对企业技术创新的影响系数为 0.216。回归结果显示，政府研发资助对企业技术创新的促进作用随资助强度变化而呈现出一种倒 U 型特征，促进作用先是随资助强度上升而上升，当资助强度高于某一极值后，促进作用又趋于下降，这表明存在一个最优政府研发资助强度，过多或过少的政府研发资助均不利于企业技术创新。图 5-7（a）描绘了政府研发资助强度的分布，可以看出大多数样本点均处于第二门限值 10.692% 之下，表明我国政府研发资助强度仍然偏低，政府有必要继续加大研发资助强度。

2. 金融市场效率

金融市场效率对政府研发资助效果的影响也呈现出双重门限特征，从表 5-10 模型 2 中可以看出，当金融市场效率低于 6.278% 时，政府研发资助对企业技术创新的影响系数为 0.169，当金融市场效率高于 6.278% 时，政府研发资助对企业技术创新的影响系数为 0.208，而当金融市场效率高于 13.729% 时，政府研发资助对企业技术创新的影响系数为 0.193。回归结果显示，政府研发资助对企业技术创新的促进作用随金融市场效率变化也呈现出一种倒 U 型特征，促进作用先是随金融市场效率上升而上升，当金融市场效率高于某一极值后，促进作用又趋于下降，这表明金融发展能有效提升政府研发资助效果，同时发达的金融市场对政府研发资助有一定替代作用，可以减轻企业技术创新对政府研发资助的依赖性。图 5-7（b）描绘了金融市场效率的分布，可以看出大多数样本点均处于第二门限值 13.729% 之下，表明我国金融市场效率仍然较为低下，政府应通过加快金融发展来促进企业技术创新，从而减轻企业对政府研发资助的依赖性。

3. 人力资本水平

人力资本水平对政府研发资助效果的影响呈现出单重门限特征，从表 5-10 模型 3 中可以看出，当人力资本水平低于 5.687% 时，政府研发资助对企业技术创新的影响系数为 0.143，当人力资本水平高于 5.687% 时，政府研发资助对企业技术创新的影响系数为 0.216。回归结果显示，政府研发资助对企业技术创新的促进作用随人力资本水平变化而变化，当人力资本水平较低时这种促进作用较小，而当人力资本水平高于门限值后这种促进作用会大幅度上升，这表明人力资本作为企业技术创新的重要投入之一，与政府研发资助是相互促进的，提升人力资本水平能有效提升政府研发资助对企业技术创新的促进作用。图 5-7（c）描绘了人力资本水平的分布，可以看出大多数样本点均处于门限值 5.687% 之下，表明我国人力资本水平仍然偏低，政府应继续加大教育投入，提升人力资本水平以促进我国企业技术创新。

4. 知识产权保护水平

知识产权保护水平对政府研发资助效果的影响也呈现出单重门限特征，从表 5-10 模型 4 中可以看出，当知识产权保护水平低于 0.682% 时，政府研发资助对企业技术创新的影响系数为 0.151，当知识产权保护水平高于 0.682% 时，政府研发资助对企业技术创新的影响系数为 0.223。回归结果显示，政府研发资助对企业技术创新的促进作用随知识产权保护水平变化而变化，当知识产权保护水

表5-10 门限模型的估计结果

解释变量	模型1 政府研发 资助强度	模型2 金融市 场效率	模型3 人力资 本水平	模型4 知识产权 保护水平
lngr_ 1	0.172*** (10.85)	0.169*** (10.23)	0.143*** (8.17)	0.151*** (8.72)
lngr_ 2	0.237*** (17.12)	0.208*** (15.12)	0.216*** (16.39)	0.223*** (16.87)
lngr_ 3	0.216*** (15.87)	0.193*** (13.65)		
ln*k*	0.529*** (16.78)	0.537*** (17.36)	0.621*** (21.37)	0.578*** (19.63)
ln*l*	0.352*** (16.13)	0.343*** (15.61)	0.413*** (20.36)	0.392*** (19.18)
_ Cons	1.021*** (7.87)	1.137*** (8.71)	0.982*** (6.95)	0.935*** (6.18)
R^2	0.836	0.792	0.761	0.812
N	348	348	348	348

注：***、**和*分别表示在1%、5%和10%的显著性水平上显著，括号内为t统计量值。

平较低时这种促进作用较小，而当知识产权保护水平高于门限值后这种促进作用会大幅度上升，这表明知识产权保护作为克服企业技术创新“市场失灵”的手段之一，与政府研发资助也是相互促进的，提升知识产权保护水平能有效提升政府研发资助对企业技术创新的促进作用。图5-7（d）描绘了知识产权保护水平的分布，从图中可以看出大多数样本点均处于门限值0.682%之下，表明我国知识产权保护水平仍然偏低，政府应加大知识产权保护力度来促进我国企业技术创新。

四、研究结论

上节多角度检验结果均表明我国政府研发资助显著促进了企业技术创新，但分样本检验结果表明，我国政府研发资助效果存在明显地区差异，这可能是由于我国各地区的经济发展水平、人力资本水平以及地方政府科技政策等宏观经济因素会影响政府研发资助效果，由此本节我们采用Hansen（1999）提出的面板数据门限回归模型对影响我国政府研发资助效果的宏观经济因素作进一步深入分析。

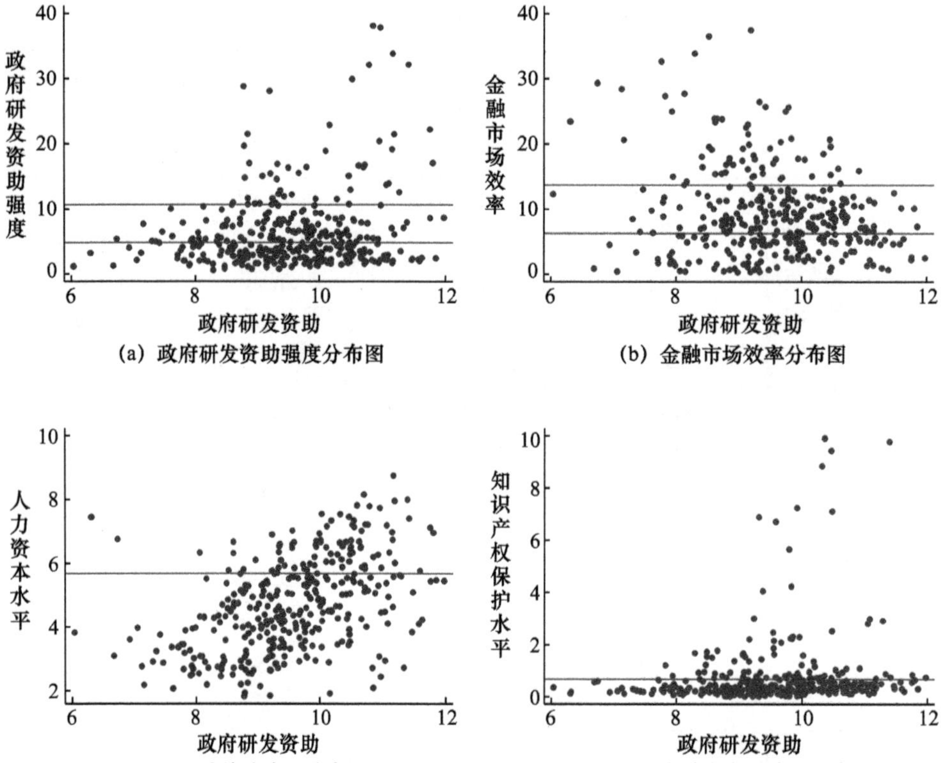

(a) 政府研发资助强度分布图　(b) 金融市场效率分布图

(c) 人力资本水平分布图　(d) 知识产权保护水平分布图

图 5-7　门限变量分布图

本书将影响政府研发资助效果的宏观经济因素概括为政府研发资助强度、金融市场效率、人力资本水平和知识产权保护水平四个方面，以此构建门限变量，并分别考察各门限变量的门限值所划分的不同区间内政府研发资助效果的差异性。门限检验结果表明，政府研发资助强度和金融市场效率均存在两个门限值，而人力资本水平和知识产权保护水平均存在一个门限值。

回归结果显示政府研发资助效果随资助强度变化而呈现出一种倒 U 型特征，这表明存在一个最优政府研发资助强度，过多或过少的政府研发资助均不利于企业技术创新，而我国政府研发资助强度仍然偏低，政府有必要继续加大研发资助强度；政府研发资助效果随金融市场效率变化也呈现出一种倒 U 型特征，这表明金融发展能有效提升政府研发资助效果，同时发达的金融市场对政府研发资助有一定替代作用，可以减轻企业技术创新对政府研发资助的依赖性，而我国金融市场效率仍然较为低下，政府应通过加快金融发展来促进企业技术创新；政府研发资助效果随人力资本水平变化而变化，当人力资本水平较低时这种促进作用较小，而当人力资本水平高于门限值后这种促进作用会大幅度上升，这表明人力资本与政府研发资助是相互促进的，而我国人力资本水平仍然偏低，政府应继续加大教育投入来提升人力资本水平以促进我国企业技术创新；政府研发资助效果随知识产权保护水平变化而变化，当知识产权保护水平较低时这种促进作用较小，而当知识产权保护水平高于门限值后这种促进作用会大幅度上升，这表明知识产权保护与政府研发资助也是相互促进的，而我国知识产权保护水平仍然偏低，政府应加大知识产权保护力度来促进我国企业技术创新。

第六章　政府资助与企业技术创新
——基于企业微观数据的实证检验

第一节　中国政府资助与企业技术创新的微观描述

一、中国政府资助的微观描述

本书所使用的企业微观数据来自我国国家统计局建立的中国工业企业数据库，该数据库的全称是“全部国有及规模以上非国有工业企业数据库”，其样本范围为我国全部国有工业企业和规模以上（年销售额 500 万元以上）非国有工业企业。本书借鉴谢千里等（2008）、聂辉华等（2012）的方法对中国工业企业数据库做以下数据处理工作：

（1）该数据库包含了 1998～2007 年我国全部国有工业企业和规模以上非国有工业企业的基本信息和财务数据，但是该数据库的统计指标每年均有不同，本书所应用的关键指标研发经费仅 2005～2007 年进行了完整统计，其他年份则缺失该项统计指标，因而本书只选用该数据库 2005～2007 年的企业样本。

（2）该数据库统计了我国工业经济中“采掘业”、“制造业”和“电力、燃气及水的生产和供应业”三大门类的企业样本，其中绝大多数企业样本是制造业企业样本，本书为了便于分析，只选用该数据库中的制造业企业样本。

（3）该数据库统计了全部国有工业企业，但是只统计了规模以上（年销售额 500 万元以上）非国有工业企业，因而国有企业和非国有企业的统计口径并不一致，本书为统一统计口径去除了年销售收入小于 500 万元的企业样本。

（4）该数据库将企业样本的营业状态分为营业、停业、筹建、撤销及其他，本书只选用其中 1949 年以后成立的正常营业的企业样本。

（5）去除企业就业人员在8人以下的企业样本，这是因为这些企业的会计系统往往不健全，从而统计指标中存在较多的异常值。

（6）去除企业统计指标观测值明显异常的企业样本，比如企业实收资本为零的企业，工业增加值大于工业总产值的企业，研发经费大于销售额的企业等。经过以上数据处理本书一共获得了2005~2007年702932个企业样本。

（一）我国企业获得政府补贴总体概况

从表6-1中可以看出，2005~2007年各年的企业样本总数分别为201390个、229257个和272285个，其中获得政府补贴的企业数分别为28093个、30431个和33629个，企业获得政府补贴的概率分别为13.95%、13.27%和12.35%，这表明，尽管我国工业企业获得政府补贴的企业数量越来越多，但获得政府补贴的企业所占比重却呈现出逐步下降的趋势；2005~2007年，我国工业企业获得的政府补贴金额分别为511.94亿元、544.37亿元和564.53亿元，而以政府补贴金额与受补贴企业数量之比表示的企业平均补贴金额分别为182.23万元、178.89万元和167.87万元，以政府补贴金额与受补贴企业销售额之比表示的政府补贴强度分别为0.91%、0.77%和0.73%，表明尽管我国工业企业获得的政府补贴金额越来越多，但是企业所获得的平均补贴金额和补贴强度均呈现出逐步下降的趋势。

表6-1　我国企业获得政府补贴总体概况

年份	2005	2006	2007
企业总数（个）	201390	229257	272285
获得补贴企业（个）	28093	30431	33629
企业获得补贴概率（%）	13.95	13.27	12.35
政府补贴金额（亿元）	511.94	544.37	564.53
企业平均补贴金额（万元）	182.23	178.89	167.87
企业获得补贴强度（%）	0.91	0.77	0.73

数据来源：根据中国工业企业数据库相关数据整理所得。

进一步根据企业所获政府补贴金额高低将获得补贴企业分为前1%、前3%、前5%和前10%四组分析政府补贴的集中程度，从表6-2中可以看出我国各年政府补贴均存在极高的集中度，以2007年为例来看，前1%的企业获得政府补贴的总金额为210.86亿元，占当年全部政府补贴金额的比重为37.35%；前3%和前5%的企业获得政府补贴的总金额分别为303.29亿元和352.73亿元，占当年全部政府补贴金额的比重分别为53.72%和62.48%；而前10%的企业获得政府补贴的总金额为 423.94 亿元，占当年全部政府补贴金额的比重已经高达 75.10%。同时可以看出不同组别企业的企业平均补贴金额和补贴强度也存在显著差距，比如 2007 年前 1% 企业的平均补贴金额和平均补贴强度分别为 6275.70 万元和 1.61%，而前 10% 企业的平均补贴金额和平均补贴强度分别为 1260.61 万元和 1.24%，前者相应统计指标分别是后者的 4.98 倍和 1.30 倍。

表 6-2　我国企业获得政府补贴的集中度

年份	政府补贴排名	政府补贴金额（亿元）	比重（%）	企业数量（个）	企业平均补贴金额（万元）	企业获得补贴强度（%）
2005	前 1% 企业	241.66	47.20	281	8599.90	1.93
	前 3% 企业	314.16	61.37	843	3726.64	1.65
	前 5% 企业	352.38	68.83	1405	2508.03	1.56
	前 10% 企业	405.93	79.29	2809	1445.11	1.45
2006	前 1% 企业	218.28	40.10	304	7180.16	1.42
	前 3% 企业	310.03	56.95	913	3395.70	1.35
	前 5% 企业	356.48	65.49	1522	2342.20	1.33
	前 10% 企业	420.12	77.18	3043	1380.61	1.26
2007	前 1% 企业	210.86	37.35	336	6275.70	1.61
	前 3% 企业	303.29	53.72	1009	3005.81	1.44
	前 5% 企业	352.73	62.48	1681	2098.35	1.37
	前 10% 企业	423.94	75.10	3363	1260.61	1.24

数据来源：根据中国工业企业数据库相关数据整理所得。

（二）我国政府补贴的微观特征

根据企业所处省份将企业划分为东部地区、中部地区和西部地区企业，分析不同地区政府补贴的微观分布特征。

从表 6-3 中可以看出，2007 年，我国东部地区企业获得政府补贴的总金额为 298.60 亿元，占当年全部政府补贴金额的比重为 52.89%，获得政府补贴的企业数量为 24576 个，企业获得政府补贴的概率为 12.12%，企业平均政府补贴金额为 121.50 万元，前 10% 企业获得政府补贴的集中度为 74.81%；2007 年，我国中部地区企业获得政府补贴的总金额为 159.09 亿元，占当年全部政府补贴金额的比重为 28.18%，获得政府补贴的企业数量为 4575 个，企业获得政府补贴的概率为 10.17%，企业平均政府补贴金额为 347.73 万元，前 10% 企业获得政府补贴的集中度为76.95%；2007年，我国西部地区企业获得政府补贴的总金额为106.84亿元，占当年全部政府补贴金额的比重为18.93%，获得政府补贴的企业数量为4478个，企业获得政府补贴的概率为18.24%，企业平均政府补贴金额为238.59万元，前10%企业获得政府补贴的集中度为64.97%。统计数据表明，我国东部地区企业获得政府补贴的总金额和获得政府补贴的企业数量远远高于中西部地区，但东部地区企业获得政府补贴的概率和平均补贴金额均明显低于中西部地区，而中东部地区企业的政府补贴集中度明显高于西部地区企业，这体现了我国政府科技资助政策的区域差异性。

根据企业所处行业类型将企业划分为劳动密集型、资本密集型和技术密集型企业，分析不同类型行业中政府补贴的微观分布特征，从表6－3中可以看出，2007年，我国劳动密集型企业获得政府补贴的总金额为132.35亿元，占当年全部政府补贴金额的比重为23.44%，获得政府补贴的企业数量为11085个，企业获得政府补贴的概率为10.84%，企业平均政府补贴金额为119.39万元，前10%企业获得政府补贴的集中度为74.50%；2007年，我国资本密集型企业获得政府补贴的总金额为190.70亿元，占当年全部政府补贴金额的比重为33.78%，获得政府补贴的企业数量为8268个，企业获得政府补贴的概率为11.94%，企业平均政府补贴金额为230.65万元，前10%企业获得政府补贴的集中度为71.46%；2007年，我国技术密集型企业获得政府补贴的总金额为241.48亿元，占当年全部政府补贴金额的比重为42.78%，获得政府补贴的企业数量为14276个，企业获得政府补贴的概率为14.17%，企业平均政府补贴金额为169.16万元，前10%企业获得政府补贴的集中度为76.42%。统计数据表明，我国技术密集型企业获得政府补贴的总金额、获得政府补贴的企业数量和获得政府补贴的概率均明显高于资本密集型和劳动密集型企业，资本密集型企业的平均补贴金额明显高于劳动密集型和技术密集型，而劳动密集型和技术密集型企业的政府补贴集中度则明显高于资本密集型企业，这体现了我国政府科技资助政策的行业差异性。

根据企业资本构成将企业划分为国有企业、民营企业和外资企业，分析不同所有制类型企业中政府补贴的微观分布特征，从表6－3中可以看出，2007年，我国国有企业获得政府补贴的总金额为106.08亿元，占当年全部政府补贴金额的比重为18.79%，获得政府补贴的企业数量为3504个，企业获得政府补贴的概率为21.35%，企业平均政府补贴金额为302.75万元，前10%企业获得政府补贴的集中度为70.86%；2007年，我国民营企业获得政府补贴的总金额为394.12亿元，占当年全部政府补贴金额的比重为69.81%，获得政府补贴的企业数量为24968个，企业获得政府补贴的概率为11.61%，企业平均政府补贴金额为

157.85 万元，前10%企业获得政府补贴的集中度为74.15%；2007 年，我国外资企业获得政府补贴的总金额为64.33 亿元，占当年全部政府补贴金额的比重为11.40%，获得政府补贴的企业数量为5157 个，企业获得政府补贴的概率为12.64%，企业平均政府补贴金额为124.74 万元，前10%企业获得政府补贴的集中度为82.25%。统计数据表明，我国民营企业获得政府补贴的总金额和获得政府补贴的企业数量远远高于国有企业和外资企业，但国有企业获得政府补贴的概率和平均补贴金额均明显高于民营企业和外资企业，而外资企业的政府补贴集中度则明显高于国有和民营企业，这体现了我国政府科技资助对象选择的差异性。

表6－3　我国政府补贴的微观特征（一）

分类	政府补贴金额（亿元）	所占比重（%）	获得补贴企业数量（个）	企业获得补贴概率（%）	企业平均补贴金额（万元）	前10%企业补贴集中度（%）
地区类别						
东部地区	298.60	52.89	24576	12.12	121.50	74.81
中部地区	159.09	28.18	4575	10.17	347.73	76.95
西部地区	106.84	18.93	4478	18.24	238.59	64.97
合计	564.53	100	33629	12.35	167.87	75.10
行业类别						
劳动密集型	132.35	23.44	11085	10.84	119.39	74.50
资本密集型	190.70	33.78	8268	11.94	230.65	71.46
技术密集型	241.48	42.78	14276	14.17	169.16	76.42
合计	564.53	100	33629	12.35	167.87	75.10
所有制类型						
国有企业	106.08	18.79	3504	21.35	302.75	70.86
民营企业	394.12	69.81	24968	11.61	157.85	74.15
外资企业	64.33	11.40	5157	12.64	124.74	82.25
合计	564.53	100	33629	12.35	167.87	75.10

数据来源：根据中国工业企业数据库2007 年度相关数据整理所得。

根据企业销售额将企业划分为小型（销售额3000 万元以下）企业、中型（销售额3000 万元至1 亿元）企业和大型（销售额1 亿元以上）企业三组，分析不同规模企业中政府补贴的微观分布特征，从表6－4 中可以看出，2007 年小型企业获得政府补贴的总金额为44.57 亿元，占当年全部政府补贴金额的比重为

7.90%，获得政府补贴的企业数量为12742个，企业获得政府补贴的概率为8.80%，企业平均政府补贴金额为34.98万元，前10%企业获得政府补贴的集中度为50.01%；2007年，中型企业获得政府补贴的总金额为89.01亿元，占当年全部政府补贴金额的比重为15.77%，获得政府补贴的企业数量为10517个，企业获得政府补贴的概率为12.77%，企业平均政府补贴金额为84.63万元，前10%企业获得政府补贴的集中度为56.07%；2007年，大型企业获得政府补贴的总金额为430.95亿元，占当年全部政府补贴金额的比重为76.33%，获得政府补贴的企业数量为10370个，企业获得政府补贴的概率为22.93%，企业平均政府补贴金额为415.58万元，前10%企业获得政府补贴的集中度为69.87%。统计数据表明，我国大型企业获得政府补贴的总金额、获得政府补贴的概率、平均补贴金额和补贴集中度均明显高于中型和小型企业，这体现了我国政府科技资助政策在不同规模企业中的差异性。

根据企业年龄将企业划分为5年以下、5~10年和10年以上三组，分析不同年龄企业中政府补贴的微观分布特征，从表6-4中可以看出，2007年，企业年龄5年以下的企业获得政府补贴的总金额为134.63亿元，占当年全部政府补贴金额的比重为23.85%，获得政府补贴的企业数量为9409个，企业获得政府补贴的概率为8.85%，企业平均政府补贴金额为143.08万元，前10%企业获得政府补贴的集中度为76.47%；2007年，企业年龄5~10年的企业获得政府补贴的总金额为174.02亿元，占当年全部政府补贴金额的比重为30.83%，获得政府补贴的企业数量为12611个，企业获得政府补贴的概率为13.37%，企业平均政府补贴金额为138.00万元，前10%企业获得政府补贴的集中度为74.94%；2007年，企业年龄10年以上的企业获得政府补贴的总金额为255.88亿元，占当年全部政府补贴金额的比重为45.32%，获得政府补贴的企业数量为11609个，企业获得政府补贴的概率为16.19%，企业平均政府补贴金额为220.41万元，前10%企业获得政府补贴的集中度为73.72%。统计数据表明，我国企业年龄10年以上的企业获得政府补贴的总金额、获得政府补贴的概率和平均补贴金额均明显高于其他两组企业，而三组企业的政府补贴集中度则均在75%左右，这体现了我国政府科技资助政策在不同年龄企业中的差异性。

根据企业出口密集度将企业划分为非出口企业、低密集度（出口比重小于50%）出口企业和高密集度（出口比重大于等于50%）出口企业三组，分析不同出口密集度的企业中政府补贴的微观分布特征，从表6-4中可以看出，2007年，非出口企业获得政府补贴的总金额为362.52亿元，占当年全部政府补贴金额的比重为64.22%，获得政府补贴的企业数量为20832个，企业获得政府补贴的概率为10.21%，企业平均政府补贴金额为174.02万元，前10%企业获得政府补贴的集中度为70.19%；2007年，低密集度出口企业获得政府补贴的总金额为162.10亿元，占当年全部政府补贴金额的比重为28.71%，获得政府补贴的企业数量为5895个，企业获得政府补贴的概率为23.00%，企业平均政府补贴金额为274.99万元，前10%企业获得政府补贴的集中度为81.27%；2007年，高密集度出口企业获得政府补贴的总金额为39.91亿元，占当年全部政府补贴金额的比重为7.07%，获得政府补贴的企业数量为6902个，企业获得政府补贴的概率为16.21%，企业平均政府补贴金额为57.82万元，前10%企业获得政府补贴的集中度为75.56%。统计数据表明，我国非出口企业获得政府补贴的总金额和获得政府补贴的企业数量远远高于出口企业，但是出口企业获得政府补贴的概率、平均补贴金额和政府补贴集中度均明显高于非出口企业，其中高密集度的出口企业的平均补贴金额较低主要是由于其中存在大量中小型加工贸易企业，这体现了我国政府科技资助政策在不同出口状态企业中的差异性。

表6-4　我国政府补贴的微观特征（二）

分类	政府补贴金额（亿元）	所占比重（%）	获得补贴企业数量（个）	企业获得补贴概率（%）	企业平均补贴金额（万元）	前10%企业补贴集中度（%）
企业规模						
3000万元以下	44.57	7.90	12742	8.80	34.98	50.01
3000万~1亿元	89.01	15.77	10517	12.77	84.63	56.07
1亿元以上	430.95	76.33	10370	22.93	415.58	69.87
合计	564.53	100	33629	12.35	167.87	75.10
企业年龄						
5年以下	134.63	23.85	9409	8.85	143.08	76.47
5~10年	174.02	30.83	12611	13.37	138.00	74.94
10年以上	255.88	45.32	11609	16.19	220.41	73.72
合计	564.53	100	33629	12.35	167.87	75.10
出口密集度						
0	362.52	64.22	20832	10.21	174.02	70.19
0~50%	162.10	28.71	5895	23.00	274.99	81.27
50%以上	39.91	7.07	6902	16.21	57.82	75.56
合计	564.53	100	33629	12.35	167.87	75.10

数据来源：根据中国工业企业数据库2007年度相关数据整理所得。

二、中国企业技术创新的微观描述

（一）我国企业研发投入总体概况

从表6－5中可以看出，2005～2007年，各年的企业样本总数分别为201390个、229257个和272285个，其中有研发投入的企业数分别为20330个、24003个和29670个，研发企业占全部企业的比重分别为10.09%、10.47%和10.90%，这表明我国工业企业中有研发投入的企业数量越来越多，而且研发企业所占比重也呈现出逐步上升的趋势；2005～2007年，我国工业企业研发投入金额分别为650.28亿元、898.82亿元和1192.38亿元，而以企业研发投入金额与研发企业数量之比表示的企业平均研发投入金额分别为319.86万元、374.46万元和401.88万元，以企业研发投入金额与研发企业销售额之比表示的企业研发强度分别为1.05%、1.13%和1.10%，这表明我国工业企业的研发投入金额越来越多，而且企业的平均研发投入金额和研发强度也呈现出逐步上升的趋势。

表6－5　我国企业研发投入总体概况

年份	2005	2006	2007
企业总数（个）	201390	229257	272285
有研发投入企业（个）	20330	24003	29670
研发企业占比（%）	10.09	10.47	10.90
研发投入金额（亿元）	650.28	898.82	1192.38
企业平均研发投入（万元）	319.86	374.46	401.88
企业研发投入强度（%）	1.05	1.13	1.10

数据来源：根据中国工业企业数据库相关数据整理所得。

进一步根据企业研发投入金额高低将研发企业分为前1%、前3%、前5%和前10%四组分析企业研发投入的集中程度，从表6－6中可以看出，我国各年企业研发投入均存在极高的集中度，以2007年为例来看，前1%的企业研发投入的总金额为643.97亿元，占当年全部企业研发投入金额的比重为54.01%；前3%和前5%的企业研发投入的总金额分别为821.47亿元和905.93亿元，占当年全部企业研发投入金额的比重分别为68.89%和75.98%；而前10%的企业研发投入的总金额为1014.70亿元，占当年全部企业研发投入金额的比重已经高达85.10%。同时可以看出，不同组别企业的企业平均研发投入金额和研发强度也存在显著差距，比如2007年前1%企业的平均研发投入金额和平均研发强度分别为21682.55万元和2.39%，而前10%企业的平均研发投入金额和平均研发强度分别为3419.96万元和1.64%，前者相应统计指标分别是后者的6.34倍和1.46倍。

表6-6 我国企业研发投入的集中度

年份	企业研发投入排名	企业研发投入金额（亿元）	所占比重（%）	企业数量（个）	企业平均研发收入（万元）	企业研发投入强度（%）
2005	前1%企业	371.58	57.14	203	18304.50	2.82
	前3%企业	464.18	71.38	610	7609.52	2.08
	前5%企业	508.09	78.13	1017	4995.93	1.80
	前10%企业	563.85	86.71	2033	2773.49	1.58
2006	前1%企业	492.07	54.75	240	20502.97	2.74
	前3%企业	627.65	69.83	720	8717.31	2.12
	前5%企业	690.54	76.83	1200	5754.47	1.94
	前10%企业	771.25	85.81	2400	3213.52	1.73
2007	前1%企业	643.97	54.01	297	21682.55	2.39
	前3%企业	821.47	68.89	890	9230.04	1.97
	前5%企业	905.93	75.98	1484	6104.66	1.81
	前10%企业	1014.70	85.10	2967	3419.96	1.64

数据来源：根据中国工业企业数据库相关数据整理所得。

（二）我国企业研发投入的微观特征

根据企业所处省份将企业划分为东部地区、中部地区和西部地区企业，分析不同地区企业研发投入的微观分布特征，从表6-7可以看出，2007年，我国东部地区企业研发投入总金额为871.27亿元，占当年全部企业研发投入金额的比重为73.07%，有研发投入的企业数量为21437个，研发企业占东部企业的比重为10.57%，企业平均研发投入金额为406.43万元，前10%企业研发投入的集中度为84.67%；2007年，我国中部地区企业研发投入总金额为186.36亿元，占当年全部企业研发投入金额的比重为15.63%，有研发投入的企业数量为4890个，研发企业占中部企业的比重为10.87%，企业平均研发投入金额为381.11万元，前10%企业研发投入的集中度为87.59%；2007年，我国西部地区企业研发投入总金额为134.75亿元，占当年全部企业研发投入金额的比重为11.30%，有研发投入的企业数量为3343个，研发企业占西部企业的比重为13.62%，企业平均研发投入金额为403.07万元，前10%企业研发投入的集中度为84.12%。统计数据表明，我国东部地区企业研发投入金额和研发企业数量远远高于中西部地区，而西部地区研发企业所占比重明显高于中东部地区，中部地区企业的研发集中度明显高于东西部地区，三大地区的企业平均研发投入则差距不大，这体现了我国企业研发投入的区域差异性。

根据企业所处行业类型将企业划分为劳动密集型、资本密集型和技术密集型企业，分析不同类型行业中企业研发投入的微观分布特征，从表6－7中可以看出，2007年，我国劳动密集型企业研发投入总金额为100.52亿元，占当年全部企业研发投入金额的比重为8.43%，有研发投入的企业数量为7167个，研发企业占劳动密集型企业的比重为7.01%，企业平均研发投入金额为140.25万元，前10%企业研发投入的集中度为81.67%；2007年，我国资本密集型企业研发投入总金额为192.06亿元，占当年全部企业研发投入金额的比重为16.11%，有研发投入的企业数量为5105个，研发企业占资本密集型企业的比重为7.37%，企业平均研发投入金额为376.23万元，前10%企业研发投入的集中度为88.89%；2007年，我国技术密集型企业研发投入总金额为899.80亿元，占当年全部企业研发投入金额的比重为75.46%，有研发投入的企业数量为17398个，研发企业占技术密集型企业的比重为17.27%，企业平均研发投入金额为517.19万元，前10%企业研发投入的集中度为83.52%。统计数据表明，我国技术密集型企业研发投入金额、研发企业数量、研发企业所占比重和企业平均研发投入金额均远远高于劳动密集型和资本密集型企业，而资本密集型企业的研发集中度则明显高于劳动密集型和技术密集型企业，这体现了我国企业研发投入的行业差异性。

表6－7 我国企业研发投入的微观特征（一）

分类	企业研发投入金额（亿元）	所占比重（%）	研发企业数量（个）	研发企业所占比重（%）	企业平均研发收入（万元）	前10%企业研发集中度（%）
地区类别						
东部地区	871.27	73.07	21437	10.57	406.43	84.67
中部地区	186.36	15.63	4890	10.87	381.11	87.59
西部地区	134.75	11.30	3343	13.62	403.07	84.12
合计	1192.38	100	29670	10.90	401.88	85.10
行业类别						
劳动密集型	100.52	8.43	7167	7.01	140.25	81.67
资本密集型	192.06	16.11	5105	7.37	376.23	88.89

续表

分类	企业研发投入金额（亿元）	所占比重（%）	研发企业数量（个）	研发企业所占比重（%）	企业平均研发收入（万元）	前10%企业研发集中度（%）
技术密集型	899.80	75.46	17398	17.27	517.19	83.52
合计	1192.38	100	29670	10.90	401.88	85.10
所有制类型						
国有企业	290.66	24.38	2374	14.47	1224.33	90.26
民营企业	661.31	55.46	22578	10.50	292.90	82.83
外资企业	240.41	20.16	4718	11.57	509.56	81.90
合计	1192.38	100	29670	10.90	401.88	85.10

数据来源：根据中国工业企业数据库2007年度相关数据整理所得。

根据企业资本构成将企业划分为国有企业、民营企业和外资企业，分析不同所有制类型企业中研发投入的微观分布特征，从表6－7中可以看出，2007年，我国国有企业研发投入总金额为290.66亿元，占当年全部企业研发投入金额的比重为24.38%，有研发投入的企业数量为2374个，研发企业占国有企业的比重为14.47%，企业平均研发投入金额为1224.33万元，前10%企业研发投入的集中度为90.26%；2007年，我国民营企业研发投入总金额为661.31亿元，占当年全部企业研发投入金额的比重为55.46%，有研发投入的企业数量为22578个，研发企业占民营企业的比重为10.50%，企业平均研发投入金额为292.90万元，前10%企业研发投入的集中度为82.83%；2007年，我国外资企业研发投入总金额为240.41亿元，占当年全部企业研发投入金额的比重为20.16%，有研发投入的企业数量为4718个，研发企业占民营企业的比重为11.57%，企业平均研发投入金额为509.56万元，前10%企业研发投入的集中度为81.90%。统计数据表明，我国民营企业中研发投入金额和研发企业数量远远高于国有和外资企业，但是国有企业中研发企业所占比重、平均研发投入金额和研发集中度均明显高于民营和外资企业，这体现了我国不同所有制类型企业研发投入的差异性。

根据企业销售额将企业划分为小型（销售额3000万元以下）企业、中型（销售额3000万～1亿元）企业和大型（销售额1亿元以上）企业三组，分析不同规模企业中研发投入的微观分布特征，从表6－8中可以看出，2007年，我国小型企业研发投入总金额为28.53亿元，占当年全部企业研发投入金额的比重为2.39%，有研发投入的企业数量为8985个，研发企业占小型企业的比重为6.21%，企业平均研发投入金额为31.76万元，前10%企业研发投入的集中度为

56.16%；2007年，我国中型企业研发投入总金额为73.77亿元，占当年全部企业研发投入金额的比重为6.19%，有研发投入的企业数量为9457个，研发企业占中型企业的比重为11.49%，企业平均研发投入金额为78.00万元，前10%企业研发投入的集中度为55.96%；2007年，我国大型企业研发投入总金额为1090.08亿元，占当年全部企业研发投入金额的比重为91.42%，有研发投入的企业数量为11228个，研发企业占大型企业的比重为24.83%，企业平均研发投入金额为970.86万元，前10%企业研发投入的集中度为78.77%。统计数据表明，我国大型企业研发投入金额、研发企业数量、研发企业所占比重、平均研发投入金额和研发集中度均远远高于中型和小型企业，这体现了我国企业研发投入在不同规模企业中的差异性。

表6-8　我国企业研发投入的微观特征（二）

分类	企业研发投入金额（亿元）	所占比重（%）	研发企业数量（个）	研发企业所占比重（%）	企业平均研发收入（万元）	前10%企业研发集中度（%）
企业规模						
3000万元以下	28.53	2.39	8985	6.21	31.76	56.16
3000万~1亿元	73.77	6.19	9457	11.49	78.00	55.96
1亿元以上	1090.08	91.42	11228	24.83	970.86	78.77
合计	1192.38	100	29670	10.90	401.88	85.10
企业年龄						
5年以下	137.98	11.57	8226	7.74	167.74	80.68
5~10年	318.59	26.72	10703	11.35	297.67	81.43
10年以上	735.81	61.71	10741	14.98	685.04	85.70
合计	1192.38	100	29670	10.90	401.88	85.10
出口密集度						
0	272.77	22.88	18033	8.84	151.26	75.81
0~50%	680.73	57.09	6743	26.31	1009.54	83.69
50%以上	238.88	20.03	4894	11.49	488.11	85.84
合计	1192.38	100	29670	10.90	401.88	85.10

数据来源：根据中国工业企业数据库2007年度相关数据整理所得。

根据企业年龄将企业划分为5年以下、5~10年和10年以上三组，分析不同年龄企业中研发投入的微观分布特征，从表6－8中可以看出，2007年，我国企业年龄5年以下的企业研发投入总金额为137.98亿元，占当年全部企业研发投入金额的比重为11.57%，有研发投入的企业数量为8226个，研发企业占该年龄组企业的比重为7.74%，企业平均研发投入金额为167.74万元，前10%企业研发投入的集中度为80.68%；2007年，我国企业年龄5年至10年的企业研发投入总金额为318.59亿元，占当年全部企业研发投入金额的比重为26.72%，有研发投入的企业数量为10703个，研发企业占该年龄组企业的比重为11.35%，企业平均研发投入金额为297.67万元，前10%企业研发投入的集中度为81.43%；2007年，我国企业年龄10年以上的企业研发投入总金额为735.81亿元，占当年全部企业研发投入金额的比重为61.71%，有研发投入的企业数量为10741个，研发企业占该年龄组企业的比重为14.98%，企业平均研发投入金额为685.04万元，前10%企业研发投入的集中度为85.70%。统计数据表明，我国企业年龄10年以上的企业研发投入金额、研发企业数量、研发企业所占比重、平均研发投入金额和研发集中度均明显高于其他两组企业，这体现了我国企业研发投入在不同年龄企业中的差异性。

根据企业出口密集度将企业划分为非出口企业、低密集度（出口比重小于50%）出口企业和高密集度（出口比重大于等于50%）出口企业三组，分析不同出口密集度的企业中研发投入的微观分布特征，从表6－8中可以看出，2007年，我国非出口企业研发投入总金额为272.77亿元，占当年全部企业研发投入金额的比重为22.88%，有研发投入的企业数量为18033个，研发企业占该组企业的比重为8.84%，企业平均研发投入金额为151.26万元，前10%企业研发投入的集中度为75.81%；2007年，我国低密集度的出口企业研发投入总金额为680.73亿元，占当年全部企业研发投入金额的比重为57.09%，有研发投入的企业数量为6743个，研发企业占该组企业的比重为26.31%，企业平均研发投入金额为1009.54万元，前10%企业研发投入的集中度为83.69%；2007年，我国高密集度的出口企业研发投入总金额为238.88亿元，占当年全部企业研发投入金额的比重为20.03%，有研发投入的企业数量为4894个，研发企业占该组企业的比重为11.49%，企业平均研发投入金额为488.11万元，前10%企业研发投入的集中度为85.84%。统计数据表明，尽管我国非出口企业中的研发企业数量明显多于出口企业，但是出口企业的研发投入金额、研发企业占比重、平均研发投入金额和研发集中度均明显高于非出口企业，这体现了我国企业研发投入在不同出口状态企业中的差异性。

第二节　政府资助影响企业技术创新的微观实证检验

第一节对我国工业企业中政府补贴和企业技术创新进行了微观描述，本节将采用中国工业企业微观数据对政府补贴与企业技术创新之间的关系进行实证分析。目前，国内外已有一些学者采用企业微观数据实证分析了这一问题。

Mansfield 和 Switzer（1984）采用美国企业数据研究发现联邦政府增加或减少科技资助对企业研发投资会产生不同影响，总体而言政府科技资助与企业研发投资之间存在一种互补关系。

Gorg 和 Strobl（2007）采用爱尔兰制造业企业数据研究发现，政府小额适度补贴能够促进企业研发投资，但补贴过多则会挤出企业研发投资。

Czarnitzki 和 Toole（2007）采用德国制造业企业数据研究发现，产品市场的不确定性会阻碍企业研发投资，而政府研发补贴能通过降低产品市场的不确定性以促进企业研发投资。

Bérubé 和 Mohnen（2009）采用加拿大企业数据研究发现，政府研发补贴显著提高了企业研发产出水平，具体表现为获得补贴企业引入了更多的新产品、开发了更多世界领先的产品创新以及更成功地商业化了它们的创新成果。

Lach（2002）采用以色列制造业企业数据研究发现，当期政府补贴挤出了企业研发投资，而滞后一期的政府补贴促进了企业研发投资，综合来看，政府补贴对小规模企业研发投资具有显著的激励效应，而对大规模企业研发投资则有不显著的替代效应。

Link（1982）采用美国制造业企业数据研究发现，政府资助提升了企业总的研发密集度，他将企业研发投入划分为基础研究、应用研究及发展研究，发现政府资助提升了企业发展研究密集度，对企业应用研究密集度不产生显著影响，但却降低了企业基础研究密集度。

Clausen（2009）采用挪威企业数据考察了政府不同阶段资助对企业研发投入的影响，研究发现政府的“研究阶段资助”对企业研发投入具有显著促进效应，但“开发阶段资助”对企业研发投入则具有替代效应。

李玲和陶厚永（2013）采用深圳证券交易所上市公司数据研究发现，政府补贴显著提升了民营企业的自主创新投入和创新绩效，但对国有企业的自主创新投入和创新绩效均没有产生显著影响。

郭晓丹等（2011）采用中国战略性新兴产业上市公司面板数据研究发现，虽然政府补贴没有直接提升企业研发投入，但是企业在政府补贴的影响下获得了更多的专利产出。

从已有研究文献中可以看出，国内外学者对政府补贴与企业技术创新之间的关系并没有得出一致结论，国外学者采用企业微观数据的研究较多，而国内采用企业微观数据研究的则较少。由此本书采用大样本的中国工业企业微观数据对政府补贴与企业技术创新之间的关系进行实证分析，并根据企业不同特征划分研究样本，进一步进行对比分析。从我国工业企业技术创新的微观描述中可以看出，并不是所有企业都从事创新活动，仅有大约10%左右的企业有技术创新行为，这表明企业技术创新变量不是一个随机变量，这种情况下如果直接运用OLS方法进行回归分析，就会存在样本选择性偏差，而Heckman（1979）提出的样本选择模型则是处理样本选择性偏差的有效方法。

一、研究设计

（一）模型构建

Heckman（1979）样本选择模型的基本研究思路如下：

假如我们要回归估计的计量模型为 $y_i = x'_i\beta + \varepsilon_i$，其中被解释变量 y_i 能否被观测到取决于二元虚拟变量 z_i（取值为0或1），只有 $z_i = 1$ 时 y_i 才能够被观测到。而决定二元虚拟变量 z_i 的方程为

$$z_i = \begin{cases} 1, & \text{若 } z_i^* > 0 \\ 0, & \text{若 } z_i^* \leqslant 0 \end{cases}$$

式中，z_i^* 是不可观测的潜变量，且有 $z_i^* = w'_i\gamma + \mu_i$。假设 $\varepsilon_i \sim N(0,\ \sigma^2)$，$\mu_i \sim N(0,\ 1)$，二者的相关系数 $corr(\varepsilon_i,\ \mu_i) = \rho$。由于我们假设 μ_i 服从正态分布，则 z_i 服从Probit模型，从而 $p(z_i = 1 \mid w) = \Phi(w'_i\gamma)$。由此，计量模型中可观测样本的条件期望为

$$\begin{aligned} E(y_i \mid y_i \text{ 可观测}) &= E(y_i \mid z_i^* > 0) = E(x'_i\beta + \varepsilon_i \mid w'_i\gamma + \mu_i > 0) \\ &= E(x'_i\beta + \varepsilon_i \mid \mu_i > -w'_i\gamma) = x'_i\beta + E(\varepsilon_i \mid \mu_i > -w'_i\gamma) \\ &= x'_i\beta + \rho\sigma_\varepsilon\lambda(-w'_i\gamma) \end{aligned}$$

式中，$\lambda()$ 为“逆米尔斯比率”（Inverse Mill’s Ratio，IMR），$\lambda(-w'_i\gamma) = \dfrac{\phi(-w'_i\gamma)}{\Phi(-w'_i\gamma)}$，而 $\phi(-w'_i\gamma)$ 和 $\Phi(-w'_i\gamma)$ 分别是变量 $(-w'_i\gamma)$ 的标准正态分布的密度函数和累计密度函数。

根据以上推导公式可以看出，如果用OLS方法直接估计样本数据，将会遗漏非线性项 $\rho\sigma_\varepsilon\lambda(-w'_i\gamma)$，除非 $\rho = 0$，否则OLS方法无法得到一致估计。Heckman(1979) 提出了“两部估计法”处理这一样本选择性问题，其步骤是首先利

用 Probit 模型建立选择方程估计企业从事研发活动的概率，得到估计值 $\hat{\gamma}$，由此得到逆米尔斯比率的估计值 $\hat{\lambda}(-w'_i\gamma)$；然后将逆米尔斯比率的估计值加入企业研发强度决定方程中作为控制变量之一建立结果方程，再用 OLS 回归方法得到估计值 $\hat{\beta}$。由此我们同样根据 Heckman（1979）将企业研发的选择方程和结果方程分别设定如下：

$$rddum_{it} = \alpha_0 + \alpha_1 subrate_{it} + \alpha_2 sale_{it} + \alpha_3 klr_{it} + \alpha_4 cash_{it} + \alpha_5 wage_{it} + \alpha_6 exprate_{it} + \alpha_7 rddum_{i(t-1)} + province_i + industry_i + \mu_{it} \tag{6-1}$$

$$rdrate_{it} = \beta_0 + \beta_1 subrate_{it} + \beta_2 sale_{it} + \beta_3 klr_{it} + \beta_4 cash_{it} + \beta_5 wage_{it} + \beta_6 exprate_{it} + \beta_7 \lambda_{it} + province_i + industry_i + \varepsilon_{it} \tag{6-2}$$

式中，i 和 t 分别表示企业和年份，选择方程（6－1）中的 *rddum* 和结果方程（6－2）中的 *rdrate* 分别表示企业研发决策和企业研发强度，两个方程的核心解释变量均为政府补贴，*province* 和 *industry* 分别表示省份和行业效应，μ 和 ε 均表示随机扰动项。根据 Heckman（1979）方程（6－1）的控制变量中至少一个变量不是方程（6－2）中的控制变量，该变量对企业研发决策有影响，但是不影响企业研发强度，由此我们将滞后一期企业研发决策变量 $rddum_{i(t-1)}$ 纳入方程（6－1）中，两个方程中的其余控制变量则相同，分别是企业规模、资本密集度、现金流、工资水平和出口密集度。之所以选择这些控制变量是基于以下原因：

1. 企业规模（sale）

熊彼特假说认为，大企业一般具有资源优势和规模经济效应，可以承担较大规模的研发投资，具有较强的技术创新风险承担能力，因此认为企业规模越大越倾向于进行研发投资。

2. 资本密集度（klr）

工业企业的资本密集度越高表明企业拥有的资本相对数量越多，技术水平越高，企业进行技术创新时则需要投入大量的资本和技术，从而企业的资本密集度越高越有利于促进企业研发投资。

3. 现金流（cash）

企业研发投资需要投入大量资金，企业通常有内源融资和外源融资两种融资方式，但企业的外源融资成本会高于内源融资成本，内源和外源融资并不能完全替代，因此企业的内部现金流将会影响企业研发投资。

4. 工资水平（wage）

根据要素禀赋理论，当劳动要素价格上升时，企业为降低生产成本会用高新技术替代劳动，从而促进企业研发；同时，企业工资水平越高，越容易吸引高素质劳动力，而工资水平也代表了企业人力资本水平，从而企业人力资本水平越高越有利于研发投资。

5. 出口密集度（exprate）

出口贸易能通过出口学习和竞争促进效应影响企业研发，其中，出口学习效应是指出口企业在国际市场上可以从竞争者和合作者中获得技术溢出而促进企业研发，而竞争促进效应指出口企业在国际市场上由于面临更激烈的市场竞争，企业为生存和占领市场而不得不加强研发。

计量模型中各变量的详细定义如表6－9所示。

表6－9　计量模型中各变量的定义和度量

变量名称	定义	数据形式	度量方法
rddum	研发决策	0，1	研发投入大于零取1，否则取0
rdrate	研发强度	比重	（研发投入/销售额）×100%
subrate	补贴强度	比重	（政府补贴/销售额）×100%
sale	企业规模	对数	企业销售额取对数
klr	资本密集度	对数	人均固定资产取对数
cash	现金流	比重	（现金流/销售额）×100%
wage	工资水平	对数	人均工资取对数
exprate	出口密集度	比重	出口值/销售额

（二）数据描述

本书所使用的企业微观数据来自中国工业企业数据库，包含了2005～2007年的中国全部国有及规模以上非国有企业的基本信息和财务数据，数据处理方法如前文所述。本书根据企业的研发投入情况将企业划分为无研发企业、低研发强度企业和高研发强度企业，在回归分析之前对计量模型主要变量进行了描述性统计分析。

通过比较表6－10中三组企业的统计数据可以看出，无研发企业的政府补贴强度均值为0.232%，低研发强度企业的政府补贴强度均值为0.361%，高研发强度企业的政府补贴强度均值为0.629%，表明企业所获得政府补贴强度不同会使得企业研发投入情况存在显著差异。同时可以看出，高研发强度企业其他自变量的统计指标均明显高于低研发强度企业，而低研发强度企业的统计指标又明显高于无研发企业。由于企业规模越大越容易获得政府补贴，且一般来说出口企业工资水平较高，因此计量模型中的自变量之间可能存在一定共线性问题，因此本书对计量模型的主要变量进行了相关性分析。

表6－11中的数据显示了计量模型中主要变量的spearman相关系数，从中可

以看出，模型中各自变量之间并不存在严重共线性问题，且企业研发决策和研发强度变量均与各自变量之间呈显著的正向关系，这为接下来的回归分析提供了一个参照。

表 6－10　主要变量的统计特征

变量	无研发企业		低研发强度企业		高研发强度企业	
	均值	标准差	均值	标准差	均值	标准差
subrate	0. 232	1. 321	0. 361	1. 676	0. 629	1. 938
sale	3. 262	1. 137	3. 935	1. 391	4. 327	1. 527
klr	3. 670	1. 163	3. 878	1. 170	4. 163	1. 187
cash	3. 536	8. 026	4. 572	8. 695	5. 786	8. 973
wage	2. 698	0. 543	2. 915	0. 566	3. 187	0. 571
exprate	0. 171	0. 291	0. 183	0. 328	0. 237	0. 352

数据来源：根据中国工业企业数据库相关数据整理所得。

表 6－11　变量的 spearman 相关系数

	rddum	*rdrate*	*subrate*	*sale*	*klr*	*cash*	*wage*	*exprate*
rddum	1							
rdrate	0. 928 *	1						
subrate	0. 163 *	0. 168 *	1					
sale	0. 197 *	0. 192 *	0. 143 *	1				
klr	0. 097 *	0. 093 *	0. 090 *	0. 240 *	1			
cash	0. 076 *	0. 079 *	0. 028 *	0. 123 *	0. 092 *	1		
wage	0. 091 *	0. 103 *	0. 087 *	0. 251 *	0. 137 *	0. 075 *	1	
exprate	0. 078 *	0. 076 *	0. 081 *	0. 143 *	－0. 132 *	0. 049 *	0. 132 *	1

注：* 表示在 5% 水平上显著。

二、实证检验

（一）整体企业样本估计结果

为使政府补贴对企业技术创新影响的估计结果更加可靠，本书采用逐步回归法对企业研发的选择方程和结果方程进行回归分析，详细估计结果如表 6－12 和表 6－13 所示。可以看出，企业研发的选择方程和结果方程中政府补贴变量（*subrate*）的回归系数分别为 0. 021 和 0. 186，且均在 1% 水平上显著，这与

Mansfield 和 Switzer（1984）、Gorg 和 Strobl（2007）、Czarnitzki 和 Toole（2007）、Bérubé 和 Mohnen（2009）、李玲和陶厚永（2013）的研究结论保持一致，表明政府补贴能显著提升企业的研发概率和研发密集度。本书进一步通过替换计量模型中关键变量对回归结果进行了稳健性检验，首先将政府补贴变量由政府补贴与企业销售额之比衡量的政府补贴强度（*subrate*）替换为政府补贴虚拟变量（*subdum*）进行回归分析，回归结果如表 6－14 中模型 1 和模型 2 所示，可以看出，企业研发的选择方程和结果方程中政府补贴虚拟变量（*subdum*）的回归系数分别是 0.362 和 0.431，且均在 1% 水平上显著，与基准回归估计结果保持一致；再将选择方程和结果方程的被解释变量分别替换为新产品虚拟变量（*newdum*，企业有新产品时为 1，否则为 0）和新产品比率（*newrate*，以新产品产值与工业总产值之比衡量）进行回归分析，回归结果如表 6－14 中模型 3 和模型 4 所示，可以看出选择方程和结果方程中政府补贴变量（*subrate*）的回归系数分别是 0.037 和 0.151，且均在 1% 水平上显著，仍然与基准回归估计结果保持一致，由此我们可以确定我国的政府补贴确实能够促进企业技术创新。

表 6－12　企业研发决策模型回归结果

变量	模型 1	模型 2	模型 3	模型 4	模型 5	模型 6
subrate	0.026 *** (13.95)	0.023 *** (12.72)	0.022 *** (12.17)	0.021 *** (11.89)	0.021 *** (11.61)	0.021 *** (11.23)
sale		0.197 *** (29.67)	0.186 *** (27.80)	0.182 *** (23.93)	0.163 *** (19.29)	0.163 *** (18.37)
klr			0.029 *** (9.89)	0.027 *** (9.51)	0.021 *** (8.78)	0.017 *** (7.86)
cash				0.016 *** (13.52)	0.015 *** (11.72)	0.015 *** (11.70)
wage					0.197 *** (21.85)	0.197 *** (21.37)
exprate						0.036 *** (8.29)
l. rddum	2.736 *** (38.10)	2.518 *** (33.52)	2.372 *** (29.95)	2.183 *** (25.63)	1.989 *** (23.85)	1.923 *** (21.36)
_ Cons	−2.639 *** (−28.13)	−2.526 *** (−26.38)	−2.431 *** (−23.87)	−2.328 *** (−21.98)	−2.195 *** (−19.81)	−2.137 *** (−18.28)
province	Yes	Yes	Yes	Yes	Yes	Yes
industry	Yes	Yes	Yes	Yes	Yes	Yes

注：***、** 和 * 分别表示在 1%、5% 和 10% 的水平上显著，括号内为 z 统计量值。

政府补贴对企业技术创新具有促进效应的解释是：

（1）如 Arrow（1962）所言，企业开展研发活动需要投入大量人力和物力成本，而研发投资成果的外部性导致企业无法享有全部研发收益，当企业研发活动所获收益难以弥补投入成本时，企业就不会进行研发投资，此时如果政府对企业进行研发补贴就可以有效降低企业研发成本和风险，提升企业研发投资收益，从而使得企业研发活动因有利可图而得以开展，因此政府补贴可以因纠正“市场失灵”问题而促进企业研发投资。

（2）世界银行通过调查全球 80 个国家的企业投资环境，发现中国企业面临的融资约束问题最为严重，调查中 80% 的中国民营企业认为融资约束阻碍了企业的发展。康志勇（2013）研究发现融资约束问题严重抑制了中国本土企业的研发活动，而政府补贴可以有效缓解企业面临的研发融资约束问题，使得企业因资金不足而无法进行的研发活动得以开展，从而政府补贴可以因缓解企业融资约束问题而促进企业研发投资。

（3）企业往往因为与外部投资者之间存在严重信息不对称问题而难以获得外部融资。高艳慧等（2012）研究发现，政府在对企业进行研发补贴前会收集和处理企业相关信息，从而政府补贴向外界传递了企业研发活动具有重大价值的信号，而这种信号传递作用能够有效缓解企业与外部投资者之间的信息不对称问题，从而有助于企业从银行等金融机构中获得研发资金，因此政府补贴会因其所具有的信号传递作用而促进企业研发投资。

表 6-13　企业研发强度模型回归结果

变量	模型 1	模型 2	模型 3	模型 4	模型 5	模型 6
subrate	0.272*** (26.89)	0.238*** (25.72)	0.213*** (23.41)	0.198*** (22.76)	0.191*** (21.91)	0.186*** (21.27)
sale		0.198*** (27.31)	0.165*** (23.29)	0.139*** (19.10)	0.112*** (16.53)	0.098*** (13.36)
klr			0.115*** (11.69)	0.092*** (9.91)	0.087*** (8.43)	0.082*** (7.38)
cash				0.065*** (11.19)	0.051*** (8.62)	0.039*** (6.87)
wage					0.923*** (18.31)	0.798*** (16.27)
exprate						0.137*** (8.12)

续表

变量	模型1	模型2	模型3	模型4	模型5	模型6
λ	0.367*** (23.89)	0.352*** (22.51)	0.336*** (21.12)	0.321*** (20.27)	0.313*** (18.95)	0.297*** (18.27)
_Cons	1.728*** (15.32)	1.528*** (13.65)	1.341*** (12.17)	1.129*** (10.82)	0.965*** (9.27)	0.921*** (8.63)
province	Yes	Yes	Yes	Yes	Yes	Yes
industry	Yes	Yes	Yes	Yes	Yes	Yes

注：***、**和*分别表示在1%、5%和10%的水平上显著，括号内为z统计量值。

表6-14　替换关键变量后的稳健性检验回归结果

变量	模型1 选择方程	模型2 结果方程	变量	模型3 选择方程	模型4 结果方程
subdum	0.362*** (27.36)	0.431*** (33.68)	*subrate*	0.037*** (15.38)	0.151*** (16.82)
sale	0.129*** (13.20)	0.131*** (18.72)	*sale*	0.132*** (12.06)	0.165*** (23.68)
klr	0.021*** (9.78)	0.075*** (6.13)	*klr*	0.028*** (18.53)	0.173*** (12.71)
cash	0.023*** (16.70)	0.052*** (7.91)	*cash*	0.032*** (25.17)	0.129*** (16.31)
wage	0.178*** (16.75)	0.715*** (12.97)	*wage*	0.126*** (10.38)	1.726*** (23.35)
exprate	0.031*** (6.27)	0.121*** (5.29)	*exprate*	0.127*** (16.98)	2.239*** (22.81)
l. rddum	1.867*** (19.18)		*l. newdum*	2.280*** (31.66)	
λ		0.378*** (23.90)	λ		0.523*** (29.35)
_Cons	-2.873*** (-26.83)	0.952*** (9.85)	_Cons	-2.567*** (-27.62)	1.897*** (19.78)
province	Yes	Yes	*province*	Yes	Yes
industry	Yes	Yes	*industry*	Yes	Yes

注：***、**和*分别表示在1%、5%和10%的水平上显著，括号内为z统计量值。

（二）分企业类型估计结果

为了更深入地分析政府补贴对企业技术创新的影响，本书按照企业所有制类型、规模、行业特征及贸易模式对企业样本进行分组，进一步比较分析在不同类型企业中政府补贴促进效应的差异性，估计结果如表6－15～表6－18所示，限于篇幅，本书只报告了企业研发强度模型回归结果，对不同分组估计结果的详细分析如下。

1. 分企业所有制类型视角

根据企业资本构成将企业划分为国有企业、民营企业和外资企业分别进行回归分析，表6－15中数据显示国有企业、民营企业和外资企业中政府补贴变量的回归系数分别是0.152、0.239和0.127，且均在1%水平上显著。从分组回归结果中可以看出，政府补贴对本土企业研发投资的促进效应大于外资企业，原因可能在于如世界银行调查报告中所言，中国本土企业面临更为严重的外部融资约束问题，而外资企业则可以从母公司中获得稳定外部融资，且外资企业大多是利用我国低成本劳动力进行产品加工制造的加工贸易企业，因此政府补贴对中国本土企业的影响较大。进一步可以看出，在本土企业中，与国有企业相比政府补贴更能促进民营企业研发投资，原因可能在于国有企业自身的政府背景使得其可以较为容易地获得大量政府补贴，但国有企业具备的市场垄断地位又使得其研发投资积极性一般较低，导致了政府补贴在国有企业中利用效率较低；民营企业由于面临严峻的生存风险而研发积极性一般较高，加之民营企业自身资金薄弱、难以获得充足外部融资，因此政府补贴对我国民营企业研发投资的促进效应更高。

表6－15 政府补贴对企业研发强度影响回归结果：分企业所有制类型

变量	全部企业	国有企业	民营企业	外资企业
subrate	0.186***	0.152***	0.239***	0.127***
	(21.27)	(17.38)	(28.12)	(12.13)
sale	0.098***	0.067***	0.137***	0.082***
	(13.36)	(8.96)	(19.82)	(11.79)
klr	0.082***	0.091***	0.079***	0.086***
	(7.38)	(9.62)	(6.73)	(8.21)
cash	0.039***	0.036***	0.043***	0.032***
	(6.87)	(6.21)	(7.65)	(5.37)
wage	0.798***	0.527***	0.832***	0.765***
	(16.27)	(9.35)	(19.81)	(13.63)

续表

变量	全部企业	国有企业	民营企业	外资企业
exprate	0.137 *** (8.12)	0.171 *** (13.65)	0.132 *** (6.70)	0.116 *** (5.65)
λ	0.297 *** (18.27)	0.361 *** (21.63)	0.289 *** (16.32)	0.273 *** (13.83)
_ Cons	0.921 *** (8.63)	1.153 *** (10.36)	0.837 *** (7.32)	1.368 *** (12.17)
province	Yes	Yes	Yes	Yes
industry	Yes	Yes	Yes	Yes

注：***、** 和 * 分别表示在 1%、5% 和 10% 的水平上显著，括号内为 z 统计量值。

2. 分企业规模视角

根据企业销售额将企业划分为小型企业、中型企业和大型企业分别进行回归分析，表 6 – 16 中数据显示小型企业、中型企业和大型企业中政府补贴变量的回归系数分别是 0.237、0.181 和 0.139，且均在 1% 水平上显著。从分组回归结果中可以看出，政府补贴对中小型企业研发投资的促进效应大于大型企业，原因可能在于大型企业作为市场的领导者一般资金充足、实力雄厚，因市场份额较大而具有较高的产品定价能力，从而可以获得较为丰厚的利润水平，而且更容易获得较多的外部商业信用，这使得其研发活动的开展具有较强的计划性和稳定性，受外界其他因素的影响较小，因而政府补贴对大型企业研发投资的影响较小；中小型企业大多为自身资金薄弱的民营企业，面临激烈的市场竞争只能获得微薄的利润水平，中国银行业存在的信贷歧视也使得其难以获得银行贷款，因而政府补贴对中小型企业研发投资的促进效应更加明显。而且在我国财政分权体制下，地方政府往往较多地干预经济发展，为了保持当地经济的快速增长和就业状况的稳定，地方政府在直接补贴的同时往往还会通过政府采购、税收减免等其他优惠政策扶持大型企业的发展，这将会进一步降低大型企业研发投资对政府补贴的依赖性。

表 6 – 16 政府补贴对企业研发强度影响回归结果（分企业规模）

变量	全部企业	小型企业	中型企业	大型企业
subrate	0.186 *** (21.27)	0.237 *** (26.71)	0.181 *** (19.23)	0.139 *** (13.18)

续表

变量	全部企业	小型企业	中型企业	大型企业
sale	0.098***	0.135***	0.093***	0.065***
	(13.36)	(18.22)	(11.70)	(8.35)
klr	0.082***	0.132***	0.077***	0.061***
	(7.38)	(12.13)	(6.26)	(5.23)
cash	0.039***	0.053***	0.037***	0.028***
	(6.87)	(11.43)	(6.21)	(5.17)
wage	0.798***	1.321***	0.635***	0.523***
	(16.27)	(23.28)	(13.06)	(10.31)
exprate	0.137***	0.169***	0.128***	0.096***
	(8.12)	(13.83)	(7.16)	(5.87)
λ	0.297***	0.351***	0.286***	0.232***
	(18.27)	(23.87)	(16.29)	(12.33)
_Cons	0.921***	0.837***	1.078***	1.329***
	(8.63)	(6.16)	(11.92)	(15.18)
province	Yes	Yes	Yes	Yes
industry	Yes	Yes	Yes	Yes

注：***、**和*分别表示在1%、5%和10%的水平上显著，括号内为z统计量值。

3. 分企业所属行业特征视角

根据企业所属行业将企业划分为劳动密集型企业、资本密集型企业和技术密集型企业分别进行回归分析，表6－17中数据显示劳动密集型、资本密集型和技术密集型企业中政府补贴变量的回归系数分别是0.137、0.218和0.269，且均在1%水平上显著。从分组回归结果中可以看出，政府补贴对资本和技术密集型企业的研发投资的促进效应大于劳动密集型企业，原因可能在于资本和技术密集型企业的研发投资一般投入成本较高、研发风险较大，且一般需要较长时间才能获得研发收益，这些不利因素会抑制企业研发积极性，而政府补贴则可以有效降低这些不利因素的影响，因此资本和技术密集型企业的研发投资对政府补贴依赖性较高，美国、日本和韩国分别对本国计算机、集成电路和汽车等资本和技术密集型产业进行政府补贴的国际成功经验也验证了这一估计结果；与此相反，劳动密集型企业研发投资则一般具有成本低、风险小及见效快等特点，因此企业对政府补贴依赖性较低。传统要素禀赋理论认为当劳动要素价格上升时，企业为降低生产成本会用高新技术代替劳动从而促进企业研发投资，尽管近年来我国劳动力工资水平一直上涨，使得劳动密集型企业的生产成本大幅上升，但与发达国家相比我国劳动力要素仍然具有相当大的低成本优势，这也使得劳动密集型企业的研发积极性并没有受到太多影响，因此我国政府补贴对劳动密集型企业研发投资的促进效应较小。

表 6-17 政府补贴对企业研发强度影响回归结果（分行业特征）

变量	全部企业	劳动密集型企业	资本密集型企业	技术密集型企业
subrate	0.186*** (21.27)	0.137*** (16.89)	0.218*** (23.76)	0.269*** (28.17)
sale	0.098*** (13.36)	0.076*** (10.90)	0.128*** (16.11)	0.095*** (11.79)
klr	0.082*** (7.38)	0.063*** (5.35)	0.137*** (12.93)	0.076*** (6.27)
cash	0.039*** (6.87)	0.028*** (5.16)	0.056*** (11.30)	0.045*** (8.51)
wage	0.798*** (16.27)	0.972*** (21.26)	0.739*** (13.87)	0.687*** (11.32)
exprate	0.137*** (8.12)	0.095*** (6.37)	0.152*** (9.28)	0.168*** (11.52)
λ	0.297*** (18.27)	0.189*** (13.75)	0.321*** (21.38)	0.383*** (23.12)
_Cons	0.921*** (8.63)	0.138*** (12.37)	0.629*** (5.36)	0.739*** (6.81)
province	Yes	Yes	Yes	Yes
industry	Yes	Yes	Yes	Yes

注：***、**和*分别表示在1%、5%和10%的水平上显著，括号内为z统计量值。

4. 分企业贸易模式视角

由于统计数据库中没有区分一般贸易型企业和加工贸易型企业，因而无法直接确定企业的贸易模式，李春顶（2010）认为，加工贸易的一个典型特征是最终产品主要用于出口，从而将出口密集度大于50%的企业定义为加工贸易型企业，而把出口密集度小于50%的企业定义为一般贸易型企业，因此本书借鉴其分类方法检验企业不同贸易模式下政府补贴对企业技术创新的影响。根据企业出口密集度将企业划分为非贸易型企业、一般贸易型企业和加工贸易型企业，分别进行回归分析，表6－18中数据显示非贸易型、一般贸易型和加工贸易型企业中政府补贴变量的回归系数分别是0.179、0.235和0.192，且均在1%水平上显著。从分组回归结果中可以看出，政府补贴对贸易企业研发投资的促进效应大于非贸易企业，原因可能在于企业在国际市场上出口，既可以从竞争者和合作者中获得技术溢出，又因为面临较国内更激烈的市场竞争，企业为生存和占领市场而不得不加强研发，从而出口贸易的出口学习和竞争促进效应均能提升企业研发投资积极性，因而政府补贴对贸易企业研发投资的促进效应较大。

进一步可以看出，在贸易企业中，与加工贸易企业相比，政府补贴更能促进一般贸易企业研发投资，原因可能在于，与一般贸易型企业相比，加工贸易型企业大多依靠掌握国际市场销售渠道和品牌的国际大买家，以代工或贴牌的方式为国外企业加工劳动密集型、技术含量低的低端产品来获得利润，这样既无须构建自己的品牌和销售渠道，也无须很强的产品研发能力，从而显著降低了企业的研发投资积极性，因此政府补贴对加工贸易型企业的研发投资促进效应较小。

表6－18 政府补贴对企业研发强度影响回归结果（分贸易模式）

变量	全部企业	非贸易型企业	一般贸易型企业	加工贸易型企业
subrate	0.186*** (21.27)	0.179*** (19.31)	0.235*** (27.92)	0.192*** (22.80)
sale	0.098*** (13.36)	0.095*** (11.29)	0.137*** (17.06)	0.087*** (9.21)
klr	0.082*** (7.38)	0.087*** (9.65)	0.075*** (6.22)	0.068*** (5.31)
cash	0.039*** (6.87)	0.046*** (9.36)	0.032*** (5.23)	0.035*** (6.18)
wage	0.798*** (16.27)	0.863*** (19.31)	0.737*** (13.89)	0.682*** (11.36)
exprate	0.137*** (8.12)		0.152*** (10.89)	0.098*** (6.71)
λ	0.297*** (18.27)	0.376*** (23.18)	0.283*** (15.39)	0.239*** (11.71)
_ Cons	0.921*** (8.63)	1.167*** (13.18)	0.839*** (6.29)	0.896*** (7.32)
province	Yes	Yes	Yes	Yes
industry	Yes	Yes	Yes	Yes

注：***、**和*分别表示在1%、5%和10%的水平上显著，括号内为z统计量值。

三、研究结论

本节采用中国工业企业微观数据对政府补贴与企业技术创新之间的关系进行了实证分析，从我国工业企业技术创新的微观描述中可以看出，并不是所有企业都从事创新活动，仅有大约10%左右的企业有技术创新行为，这表明企业技术创新变量不是一个随机变量，这种情况下就会存在样本选择性偏差，由此本书采用Heckman（1979）提出的样本选择模型进行实证分析。

本书在回归分析之前首先根据企业的研发投入情况将企业划分为无研发企业、低研发强度企业和高研发强度企业对主要变量进行了统计描述，统计分析表明，高研发强度企业的政府补贴强度高于低研发强度企业，而低研发强度企业的政府补贴强度又高于无研发企业，这表明企业所获得政府补贴强度确实与企业研发强度存在显著的正相关关系。

本书同时对计量模型的主要变量进行了spearman相关性分析，分析结果表明模型中各自变量之间并不存在严重共线性问题，且企业研发决策和研发强度变量均与各自变量之间呈显著的正向关系，这为接下来的回归分析提供了一个参照。

本书采用逐步回归法对企业研发的选择方程和结果方程进行回归分析，回归结果表明政府补贴能显著提升企业的研发概率和研发密集度，这与已有研究结论保持一致。

本书同时通过替换计量模型中关键变量对回归结果进行了稳健性检验，仍然与基准回归估计结果保持一致，由此我们可以确定我国的政府补贴确实能够促进企业技术创新。

为了更深入地分析政府补贴对企业技术创新的影响，本书按照企业所有制类型、规模、行业特征及贸易模式对企业样本进行分组，进一步比较分析在不同类型企业中政府补贴促进效应的差异性：

（1）根据企业资本构成将企业划分为国有企业、民营企业和外资企业分别进行回归分析，回归结果表明政府补贴对本土企业研发投资的促进效应大于外资企业，且在本土企业中与国有企业相比政府补贴更能促进民营企业研发投资。

（2）根据企业销售额将企业划分为小型企业、中型企业和大型企业分别进行回归分析，回归结果表明政府补贴对中小型企业研发投资的促进效应大于大型企业。

（3）根据企业所属行业将企业划分为劳动密集型企业、资本密集型企业和技术密集型企业分别进行回归分析，回归结果表明政府补贴对资本和技术密集型企业研发投资的促进效应大于劳动密集型企业。

（4）根据企业出口密集度将企业划分为非贸易型企业、一般贸易型企业和加工贸易型企业分别进行回归分析，回归结果表明政府补贴对贸易企业研发投资的促进效应大于非贸易企业，且在贸易企业中与加工贸易企业相比政府补贴更能促进一般贸易企业研发投资。

第三节 基于非参数估计方法的稳健性检验

从前文的分析中可以看出政府补贴变量并非是一个随机变量，会有一些第三方因素对政府补贴和企业技术创新均产生影响，比如企业规模越大越容易获得政府补贴，也越有利于技术创新，因而回归分析中会存在一定的样本选择问题，而 Heckman 模型可以较好地处理这一问题。进一步来看，政府补贴也会受到企业自身技术创新行为的影响，政府一般来说更倾向于对技术创新能力强的企业进行补贴，因而政府补贴与企业技术创新之间会存在反向因果关系这一内生性问题，而如果忽视这一问题直接用传统参数估计方法，则估计结果就可能是有偏且非一致的。倾向评分匹配倍差法是处理解释变量存在反向因果关系这一类内生性问题的有效方法，一方面，可以准确说明政府补贴与企业技术创新之间的因果关系，弥补传统参数估计方法的不足；另一方面，通过对匹配变量的选取能够较好地控制企业获得政府补贴的自选择效应。因此本节将进一步利用大样本的中国工业企业微观数据，在采用倾向评分匹配倍差法处理内生性问题后，针对中国政府补贴对企业技术创新的影响这一问题进行稳健性检验。

一、模型构建

本节利用非参数估计方法对政府补贴能否促进企业技术创新进行稳健性检验，在方法上采用匹配倍差法来分析政府补贴对企业技术创新的平均处理效应。定义结果变量 $Y_{i,t+s}$ 为企业 i 在 $t+s$ 期的技术创新水平，分别用文献中常用的企业研发强度和新产品比率度量；定义处理变量 $ST_{i,t}$ 为企业是否获得政府补贴的虚拟变量，如果企业 i 在 t 时期获得了政府补贴则 $ST_{i,t}=1$，否则 $ST_{i,t}=0$；分别定义获得政府补贴的企业 j 为处理组企业，未获得补贴的企业 k 为参照组企业。

根据 Heckman 等（1997）、Smith 和 Todd（2005）的研究，政府补贴对企业技术创新的平均处理效应（Average Treatment Effect on the Treated，ATT）可用下式表示：

$$ATT = E(Y_{j,t+s} \mid ST_{j,t}=1) - E(Y^{*}_{j,t+s} \mid ST_{j,t}=1) \tag{6-3}$$

式中，$E(Y_{j,t+s} \mid ST_{j,t}=1)$ 表示处理组企业 j 在 t 时期获得政府补贴情况下

$t+s$时期的技术创新水平，$E(Y^*_{j,t+s} \mid ST_{j,t}=1)$表示处理组企业$j$在$t$时期未获得政府补贴情况下$t+s$时期的技术创新水平。但是$E(Y^*_{j,t+s} \mid ST_{j,t}=1)$是一种不可观测的“反事实情形”，此时可以用参照组中可观测的$E(Y^*_{k,t+s} \mid ST_{k,t}=0)$来替代不可观测的$E(Y^*_{j,t+s} \mid ST_{j,t}=1)$。然而这种替代是有条件的，即不存在同时影响政府补贴和企业技术创新的因素，否则就会出现选择性偏误问题，因此需要采取匹配方法选择合适的参照组企业。所谓匹配方法就是在控制了对政府补贴和企业技术创新均有影响的协变量后，使得

$$E(Y^*_{j,t+s} \mid ST_{j,t}=1,\ x_{j,t-1})=E(Y^*_{k,t+s} \mid ST_{k,t}=0,\ x_{k,t-1}) \tag{6-4}$$

式（6-4）的含义是：$x_{i,t-1}$（包括$x_{j,t-1}$和$x_{k,t-1}$）是对政府补贴和企业技术创新均有影响的协变量，在协变量相同的情况下，处理组企业与参照组企业的技术创新水平均值相同。这表明在企业技术创新水平均值相同的情况下，有的企业获得了政府补贴，而有的企业没有获得政府补贴，说明企业是否获得政府补贴没有受到企业自身创新活动的影响，从而企业是否获得政府补贴是一个随机事件。这样经过匹配后的企业就将非随机样本变为了随机样本，从而处理了政府补贴的内生性问题。匹配方法要使处理组企业与参照组企业中的协变量$x_{i,t-1}$内所有变量尽量相同，显然这在$x_{i,t-1}$内变量较多的情况下难以满足。Rosenbaum 和 Rubin（1985）为处理这一问题提出了倾向评分匹配（Propensity Score Matching，PSM）方法，其基本思想是通过一些方法将协变量$x_{i,t-1}$内众多变量集合成一个指标——倾向评分值（Propensity Score，PS），然后根据 PS 值的相近度对处理组和参照组企业进行匹配，从而实现了协变量的多元匹配。本书参考相关研究文献选取以下匹配变量（协变量）：企业规模 *sale*；资本密集度 *klr*；企业年龄 *age*；全要素生产率 *tfp*；出口密集度 *expr*；现金流 *cash*；企业所有制类型 *dstate*；企业所属行业类型 *dtype*；企业所处地区 *deast*。计量模型中结果变量和匹配变量的定义和度量方法如表 6-19 所示。

倾向评分匹配分为两个步骤：首先根据选取的匹配变量计算出各企业是否获得政府补贴的 PS 值，即企业是否获得政府补贴的条件概率：

$$p(x_{i,t-1})=Probility(ST_{i,t}=1 \mid x_{i,t-1}) \tag{6-5}$$

然后根据企业的 PS 值按照不同的标准进行匹配，这样通过计算匹配后就可以使得处理组企业和参照组企业的协变量尽量相等，从而满足式（6-4），在此基础上即可用式（6-3）来估计政府补贴对企业技术创新的平均处理效应。

倾向评分匹配方法可以使企业可观测的协变量$x_{i,t-1}$尽量相同，但仍然无法控制如企业家能力等企业中的不可观测因素，因此政府补贴前企业之间的技术创新水平可能存在较大差异。如果将倍差法（Difference-in-Difference，DID）融入倾向评分匹配估计，可以消除不随时间变动的企业个体效应对匹配估计的影响，

表 6－19 计量模型中各变量的定义和度量

变量类别	变量名	定义	数据形式	度量方法
结果变量	*rdrate*	研发强度	百分比	（研发投入/销售总额）×100%
	newrate	新产品比率	百分比	（新产品产值/工业总产值）×100%
匹配变量	*sale*	企业规模	对数	企业销售额取对数
	klr	资本密集度	对数	人均固定资产取对数
	age	企业年龄	整数	2005－企业成立年份
	tfp	全要素生产率	对数	LP 方法全要素生产率
	expr	出口密集度	比重	出口值/销售额
	cash	现金流	比重	现金流/销售额
	dstate	所有制类型	0，1	国有企业取 1，其他取 0
	dtype	行业特征	0，1	劳动密集行业取 1，其他取 0
	deast	所处地区	0，1	东部地区取 1，其他取 0

从而显著减少非参数估计的偏差（Smith 和 Todd，2005）。因此在估计政府补贴对企业技术创新水平的影响时，本书采用如下基于倾向评分匹配倍差法的估计方程：

$$ATT^{PD}=E[(Y_{j,t+s}-Y_{j,t-1})\mid ST_{j,t}=1,\ x_{j,t-1}]-E[(Y^{*}_{k,t+s}-Y^{*}_{k,t-1})\mid ST_{k,t}=0,\ x_{k,t-1}] \tag{6-6}$$

式中，ATT^{PD} 即衡量了政府补贴对企业技术创新水平增长幅度的影响。

二、数据描述与实证检验

（一）数据描述与样本匹配

1. 数据描述

本节所使用的企业微观数据同样来自中国工业企业数据库，并在 Heckman 计量模型所用数据的基础上继续做了以下数据处理工作，一是根据研究目的仅保留 2005～2007 年持续经营的中国工业企业样本，二是去除 2005 年获得政府补贴的企业样本，经过以上处理共获得约 39 万家企业样本。同时根据上文的说明，本书将在 2006 年获得政府补贴的企业定义为处理组企业，而将在 2006 年没有获得政府补贴的企业定义为参照组企业。

表 6－20 中数据分别显示了处理组企业和参照组企业在获得政府补贴前即 2005 年时模型中各变量的统计特征，从中可以看出处理组企业的研发强度和新产品比率分别为 0.391% 和 6.207%，而参照组企业的研发强度和新产品比率分别为 0.127% 和 2.798%，表明政府倾向于对技术创新活动活跃的企业进行补贴，

验证了企业自身创新行为会影响政府补贴。同时还可以看出，处理组企业的企业规模、资本密集度及出口密集度等指标明显高于参照组企业，这表明政府补贴偏好于大型企业、资本密集型企业及出口企业，而一般来说这些企业比较倾向于技术创新。以上两点意味着政府补贴与企业技术创新之间不仅可能存在反向因果关系，也可能共同受第三方因素影响，因此政府补贴变量存在一定的内生性问题，如果用传统参数估计方法直接进行回归分析，则估计结果必然是有偏且非一致的，从而表明了倾向评分匹配倍差法估计的合理性。

表 6－20　变量的统计特征

变量	全部企业		处理组企业		参照组企业	
	均值	标准差	均值	标准差	均值	标准差
rdrate	0.169	1.135	0.391	1.687	0.127	0.989
newrate	3.033	13.869	6.207	15.376	2.798	12.327
sale	3.460	1.141	3.861	1.305	3.431	1.122
klr	3.702	1.195	3.951	1.196	3.684	1.193
age	8.445	8.050	8.827	8.610	8.317	8.026
tfp	3.923	0.881	3.945	0.882	3.918	0.880
expr	0.182	0.349	0.248	0.376	0.177	0.346
cash	0.039	0.073	0.045	0.082	0.036	0.070
dstate	0.065	0.246	0.080	0.272	0.063	0.243
dtype	0.379	0.485	0.352	0.480	0.386	0.487
deast	0.792	0.405	0.769	0.401	0.795	0.423

数据来源：根据中国工业企业数据库 2005 年度相关数据整理所得。

2. 样本匹配检验

倾向评分匹配的有效性取决于共同支持假设和条件独立性假设是否被满足，前者保证了每个处理组企业都能通过倾向评分匹配找到与其匹配的参照组企业；后者要求处理组企业与参照组企业的匹配变量不存在显著差异，否则表明匹配变量的选取或匹配方法的选择不当，倾向评分匹配估计无效。因此在报告倾向评分匹配倍差法估计结果之前，首先需要进行共同支持假设检验和匹配平衡性检验。

（1）共同支持假设检验。图 6－1（a）和图 6－1（b）分别显示了处理组和参照组企业的 PS 值在最邻近匹配前后的核密度函数。可以看出，在匹配前处理组与参照组企业的 PS 值的概率分布存在较大差异，因此如果直接比较这两组企业之间的技术创新差异，从中所得到的统计推断结果必然是有偏的。相比之下，在完成匹配之后处理组与参照组企业样本 PS 值的概率分布已经非常接近，表明处理组企业均能找到与其匹配的参照组企业，从而满足了样本匹配的共同支持假设。

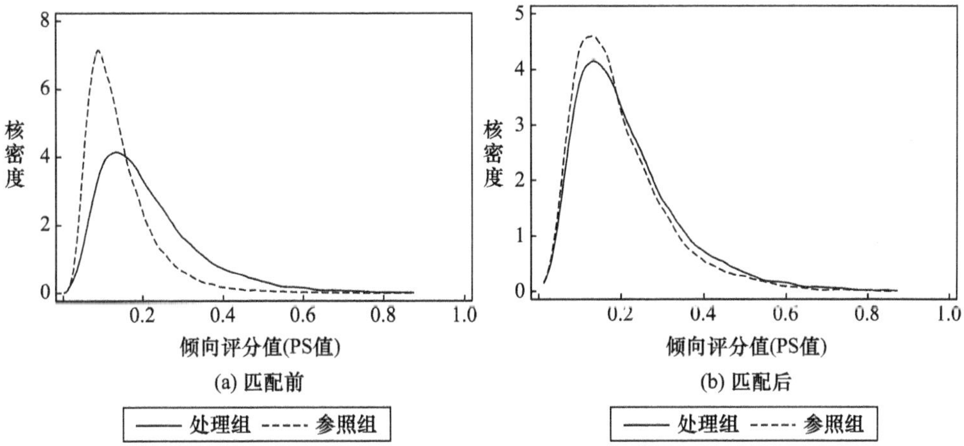

图 6－1 最邻近匹配前后处理组和参照组企业 PS 值概率分布对比

（2）匹配平衡性检验。Rosenbaum 和 Rubin（1985）认为，当匹配变量标准偏差的绝对值大于 20 时则匹配效果不好，倾向评分匹配估计结果并非可靠。从表 6－21 中可以看出，最邻近匹配后各匹配变量标准偏差的绝对值均显著小于 20，因此可以认为匹配变量和匹配方法选择恰当，倾向评分匹配估计结果较为可靠。同时对处理组和参照组企业匹配变量进行均值 T 检验，表 6－21 中的 T 检验伴随概率值表明，在补贴前处理组企业和参照组企业的企业规模、资本密集度、企业年龄、全要素生产率、出口密集度及现金流等方面均不存在显著差异。因此，企业技术创新水平的差异性只能归因于企业是否获得了政府补贴，这样，倾向评分匹配就有效解决了模型变量的内生性问题。

表 6－21 匹配变量平衡性检验

匹配变量	均值		标准偏差（%）	标准偏差减少（%）	T 检验伴随概率值
	处理组	参照组			
sale	3.861	3.852	1.2	93.8	0.836
klr	3.951	3.879	0.9	89.6	0.879
age	8.827	8.729	1.8	83.1	0.735

续表

匹配变量	均值		标准偏差（%）	标准偏差减少（%）	T检验伴随概率值
	处理组	参照组			
tfp	3.945	3.952	-0.7	95.3	0.871
expr	0.248	0.216	2.3	86.7	0.738
cash	0.045	0.041	3.2	82.7	0.763
dstate	0.080	0.072	1.7	92.3	0.819
dtype	0.352	0.363	-0.8	91.2	0.876
deast	0.769	0.752	1.6	87.3	0.812

（二）实证分析

为使平均处理效应（ATT^{PD}）估计结果更加可靠，本书分别用最邻近匹配、半径匹配和核匹配三种样本匹配方法估计了政府补贴对企业技术创新的因果影响。从表6-22和表6-23中可以看出三种样本匹配方法的估计结果保持一致，均表明政府补贴对企业技术创新具有显著促进效应，这与上一节中Heckman模型的估计结果保持一致。从表6-22中政府补贴对企业研发强度的ATT^{PD}估计结果为例详细看，与企业获得政府补贴前一期研发强度相比，补贴企业在补贴同期和下一期的研发强度增长幅度分别比未获得补贴企业高0.057%和0.045%，并且均在1%统计水平上显著，表明政府补贴能够有效提升企业研发强度；从表6-23中政府补贴对企业新产品比率的ATT^{PD}估计结果为例详细看，与企业获得政府补贴前一期新产品比率相比，补贴企业在补贴同期和下一期的新产品比率增长幅度分别比未获得补贴企业高0.086%和0.073%，并且均在1%统计水平上显著，表明政府补贴也能够有效提升企业新产品比率。

表6-22　政府补贴对企业研发强度的ATT^{PD}估计结果

匹配方法	s=0			s=1		
	ATT^{PD}	标准误	t值	ATT^{PD}	标准误	t值
最邻近匹配	0.057***	0.021	3.67	0.045***	0.020	3.27
半径匹配	0.051***	0.018	3.32	0.039***	0.017	3.36
核匹配	0.046***	0.016	3.19	0.037***	0.016	2.93

注：***、**和*分别表示在1%、5%和10%水平上显著；标准误和t值为自抽样500次计算所得；s=0和s=1分别表示补贴同期和下一期。

表 6-23 政府补贴对企业新产品比率的 ATT^{PD} 估计结果

匹配方法	s=0			s=1		
	ATT^{PD}	标准误	t 值	ATT^{PD}	标准误	t 值
最邻近匹配	0.086***	0.027	3.67	0.073***	0.023	3.21
半径匹配	0.078***	0.023	3.55	0.067***	0.022	3.17
核匹配	0.071***	0.022	3.27	0.063***	0.021	2.93

注：***、** 和 * 分别表示在 1%、5% 和 10% 的水平上显著；标准误和 t 值为自抽样 500 次计算所得；s=0 和 s=1 分别表示补贴同期和下一期。

Guellec 和 VanPottelsberghe（1997）通过考察 17 个 OECD 国家发现，政府补贴强度不同会对企业研发投资产生不同效应，由此本书借鉴其方法将政府补贴强度划分为低强度（小于 4%）、中低强度（4% ~ 11%）、中高强度（11% ~ 19%）及高强度（大于 19%）分别分析政府不同补贴强度对企业研发投资的因果影响。由于三种样本匹配方法估计结果保持一致，本书仅列出了最邻近匹配估计结果，如表 6-24 所示。

表 6-24 政府补贴对企业研发投资的 ATT^{PD} 估计结果（分补贴强度）

补贴强度	s=0			s=1		
	ATT^{PD}	标准误	t 值	ATT^{PD}	标准误	t 值
低	0.026**	0.029	1.92	0.018**	0.026	1.73
中低	0.039***	0.027	3.12	0.032***	0.021	2.83
中高	0.061***	0.026	4.51	0.053***	0.019	3.76
高	0.015*	0.018	1.43	0.011*	0.013	1.39

注：***、** 和 * 分别表示在 1%、5% 和 10% 的水平上显著；标准误和 t 值为自抽样 500 次计算所得；s=0 和 s=1 分别表示补贴同期和下一期。

从表 6-24 中可以看出，政府补贴对企业研发投资的促进效应随政府补贴强度的上升而呈现出明显的递增趋势，并在 11% ~ 19% 的政府补贴水平时促进效应最为显著；但当政府补贴强度大于 19% 时，政府补贴促进效应又趋于下降。从估计结果中可以看出，政府补贴的促进效应与补贴强度之间呈现出明显的倒 U 型关系，这与 Guellec 和 Van Pottelsberghe（1997）的研究结论一致；但与 Gorg 和 Strobl（2007）由爱尔兰企业数据所得研究结论有所不同，即政府补贴在补贴强度较高时尽管促进效应有所下降，但并没有产生挤出效应，其原因可能在于我国政府补贴强度仍然处于较低水平，从而不足以挤出企业自身研发投资。经过分析研究样本可以发现，补贴强度大于 19% 的企业仅占全部样本的极小比例，因此从本节的倾向评分匹配倍差法估计结果中可以进一步确定政府补贴确实能够有效促进企业技术创新。

三、研究结论

从前文的分析中可以看出，政府补贴变量并非是一个随机变量，政府补贴会受到企业自身技术创新行为的影响，政府一般来说更倾向于对技术创新能力强的企业进行补贴，因而政府补贴与企业技术创新之间会存在反向因果关系这一内生性问题，如果忽视这一问题，则估计结果就可能是有偏且非一致的。倾向评分匹配倍差法是处理解释变量存在反向因果关系这一类内生性问题的有效方法，因此本节进一步采用倾向评分匹配倍差法处理内生性问题后，针对中国政府补贴对企业技术创新的影响这一问题进行稳健性检验。

数据初步分析表明，补贴企业与未补贴企业在政府补贴之前技术创新水平就存在显著差异性，同时企业规模、资本密集度及出口密集度等因素均能对政府补贴产生影响，从而政府补贴变量存在一定的内生性问题，因此本节利用倾向评分匹配倍差法处理变量内生性问题是合理的。倾向评分匹配的有效性取决于共同支持假设和条件独立性假设是否被满足，因此在估计之前首先需要进行共同支持假设检验和匹配平衡性检验，共同支持假设检验表明在匹配前处理组与参照组企业的 PS 值的概率分布存在较大差异，在完成匹配之后处理组与参照组企业样本 PS 值的概率分布已经非常接近，从而满足了样本匹配的共同支持假设；条件独立性假设检验表明匹配后各匹配变量标准偏差的绝对值均显著小于 20，匹配变量和匹配方法选择恰当，倾向评分匹配估计结果较为可靠，同时 T 检验伴随概率值表明在补贴前处理组企业和参照组企业的各变量均不存在显著差异。

为使估计结果更加可靠，本书分别用最邻近匹配、半径匹配和核匹配三种样本匹配方法估计了政府补贴对企业技术创新的因果影响，研究发现三种样本匹配方法的估计结果保持一致，均表明政府补贴对企业技术创新具有显著促进效应。本书进一步分析了政府不同补贴强度对企业研发投资的因果影响，研究发现政府补贴对企业研发投资的促进效应随政府补贴强度的上升而呈现出明显的递增趋势，当政府补贴强度到达一定水平后，政府补贴促进效应又趋于下降，即政府补贴的促进效应与补贴强度之间呈现出明显的倒 U 型关系；政府补贴在补贴强度较高时尽管促进效应有所下降，但并没有产生挤出效应，其原因可能在于我国政府补贴强度仍然处于较低水平，从而不足以挤出企业自身研发投资。

综上可以看出，本节基于非参数估计方法的估计结果与上一节中 Heckman 计量模型的估计结果保持一致，表明前文的研究结论是稳健可靠的，即我国政府补贴确实能够有效促进企业技术创新。

第七章　研究结论与政策建议

第一节　研究结论

改革开放以来，我国经济在高速增长的同时仍然呈现出“高投入、高消耗、高污染、低效益”的显著特征，而近年来我国企业面临的生产成本、资源环境约束及国际市场竞争程度不断提升，迫切需要我国企业加强技术创新以提升自身市场竞争力及改善宏观经济增长质量。但技术创新活动具有公共产品、外部性、不确定性及不完全信息等特征，这使得企业技术创新会产生“市场失灵”问题，从而需要政府干预企业技术创新，由此本书对政府资助与企业技术创新的关系进行了详细考察。本书的研究内容主要包括事实描述、理论分析及实证检验，其中事实描述部分从宏观和微观两方面详细描述了我国政府资助和企业技术创新的现实状况，理论分析部分在系统总结企业技术创新活动特征的基础上，分别在寡头垄断和垄断竞争条件下构建理论模型，分析了政府资助对企业技术创新的影响，而实证检验部分分别从宏观和微观两方面实证分析了政府资助对企业技术创新的影响以及影响政府资助效果的调节因素。

一、中国政府科技资助特征

为了提高中国企业技术创新水平，我国政府自20世纪90年代以来相继提出了一些科教兴国的发展战略，随着这些科教兴国发展战略的实施，中国国家财政科技支出在总量上呈现出逐年稳步上升的趋势，从1990年的139.1亿元增长到2012年的5600.1亿元，在20多年间规模增长了40.26倍，年均增长速度达到18.29%，充分表明了我国政府对科技创新的重视；从我国财政科技支出占财政总支出的比重来看，所占比重呈现出先缓慢下降又缓慢递增的趋势。总体来说，

20 多年来我国财政科技支出占财政总支出的比重变化不大，所占比重年平均值为4.27%。我国财政科技支出的投入主体分为中央政府财政和地方政府财政，两种投入主体的财政科技支出绝对金额均保持了较快的增长速度，其中地方政府财政科技支出明显高于中央政府财政科技支出的增长速度；从两种投入主体所占的比重看，在大多数年份中，中央政府财政是科技投入的主体，但中央政府财政科技支出所占比重呈现出逐年下降趋势，而地方政府财政科技支出所占比重则逐年上升。近些年，二者投入比重基本相当，表明我国财政科技投入体系已经由中央政府财政主导逐渐发展为中央和地方财政双主体的格局。

我国技术创新体系中的创新主体主要有政府研发机构、工业企业以及高等学校，我国政府历年来对这三类创新主体均进行了大量科技资助。从政府科技资助的绝对金额上看，我国政府对这三类技术创新主体的资助金额均呈现出稳步上升的趋势，统计数据表明政府对工业企业和高等学校科技资助金额的年均增长速度基本相同，但明显高于政府对研发机构科技资助的年均增长速度；从我国政府科技资助选择对象的结构来看，我国三类创新主体占政府科技资助金额的比重存在显著差距，统计数据表明，政府研发机构和高等学校是我国政府科技资助的主要选择对象，二者所占科技资助比重之和超过了80%，而工业企业所获得科技资助比重尽管有所上升，但与前二者相比所占比重仍然差距巨大。

企业微观数据分析表明，我国工业企业中获得政府补贴的企业数量和政府补贴金额越来越多，但企业获得政府补贴的概率、平均补贴金额和补贴强度均呈现出逐步下降的趋势，且在不同类型企业中呈现出明显的差异性：

（1）我国东部地区企业获得政府补贴的总金额和获得政府补贴的企业数量远远高于中西部地区，但东部地区企业获得政府补贴的概率和平均补贴金额均明显低于中西部地区，而中东部地区企业的政府补贴集中度则明显高于西部地区企业，这体现了我国政府科技资助政策的区域差异性。

（2）我国技术密集型企业获得政府补贴的总金额、获得政府补贴的企业数量和获得政府补贴的概率均明显高于资本密集型和劳动密集型企业，而资本密集型企业的平均补贴金额明显高于劳动密集型和技术密集型企业，劳动密集型和技术密集型企业的政府补贴集中度则明显高于资本密集型企业，这体现了我国政府科技资助政策的行业差异性。

（3）我国民营企业获得政府补贴的总金额和获得政府补贴的企业数量远远高于国有企业和外资企业，但国有企业获得政府补贴的概率和平均补贴金额均明显高于民营企业和外资企业，而外资企业的政府补贴集中度则明显高于国有和民营企业，这体现了我国政府科技资助对象选择的差异性。

（4）我国大型企业获得政府补贴的总金额、获得政府补贴的概率、平均补贴金额和补贴集中度均明显高于中型和小型企业，这体现了我国政府科技资助政策在不同规模企业中的差异性。

（5）我国企业年龄 10 年以上的企业获得政府补贴的总金额、获得政府补贴的概率和平均补贴金额均明显高于 5 年以下、5～10 年两组企业，而三组企业的政府补贴集中度则相差不大，这体现了我国政府科技资助政策在不同年龄企业中的差异性。

（6）我国非出口企业获得政府补贴的总金额和获得政府补贴的企业数量远远高于出口企业，但出口企业获得政府补贴的概率、平均补贴金额和政府补贴集中度均明显高于非出口企业，其中高密集度的出口企业的平均补贴金额较低，主要是由于其中存在大量中小型加工贸易企业所致，这体现了我国政府科技资助政策在不同出口状态企业中的差异性。

二、中国企业技术创新特征

我国 R&D 经费投入规模呈现出稳步快速上升的趋势，从 1995 年的 349 亿元增长到了 2011 年的 8687 亿元，远远高于世界上其他主要经济体的增长速度，这充分表明了我国政府和企业对提高中国经济技术创新水平的注重。当前，我国 R&D 经费投入规模已经远远超过了绝大多数经济体，但是与美国和日本相比仍有不小差距，这与我国世界第二大经济规模的地位是不相符的；我国 R&D 经费投入强度也呈现出稳步上升的趋势，从 1995 年的 0.57% 增长到了 2011 年的 1.84%，但与国务院 2006 年发布的《国家中长期科学和技术发展规划纲要》中“全社会研究开发投入占国内生产总值的比例到 2010 年达到 2%”的目标相比仍然存在一定的差距，与 R&D 强度较高的韩国、日本、中国台湾、德国和美国等经济体相比也有较大的差距。

我国基础研究、应用研究和试验发展三类研发活动的投入金额均呈现出稳步上升的趋势。其中，我国基础研究和试验发展 R&D 经费投入金额的年均增长速度均达到了 20% 以上，明显高于应用研究 R&D 经费投入金额的年均增长速度；从我国 R&D 经费投入的应用结构看，三类研发活动占 R&D 经费投入金额的比重存在显著差异，其中试验发展一直是我国的主要研发活动，所占 R&D 经费投入比重远远高于基础研究和应用研究。与世界上主要发达国家相比，我国基础研究和应用研究所占 R&D 经费投入金额比重偏低，而试验发展所占比重偏高。

政府研发机构、工业企业和高等学校作为我国技术创新体系中的主要创新主体历年来均进行了大量 R&D 经费投入，从 R&D 经费投入的绝对金额上看，我国这三类创新主体 R&D 经费投入均呈现出快速上升的趋势。其中，工业企业和高等学校 R&D 经费投入的年均增长速度均达到了 20% 以上，明显高于政府研发机构的 R&D 经费投入的年均增长速度；从我国 R&D 经费投入的执行部门结构上看，我国政府研发机构、工业企业和高等学校三类创新主体所占 R&D 经费投入金额的比重存在显著差距，其中工业企业尤其是大中型工业企业一直在我国技术创新体系中占据主导地位，所占 R&D 经费投入比重远远高于政府研发结构和高等学校所占比重。

企业微观数据分析表明，我国工业企业中有研发投入的企业数量和研发投入金额越来越多，研发企业所占比重、企业的平均研发投入金额和研发强度也呈现出逐步上升的趋势，且在不同类型企业中呈现出明显的差异性：

（1）我国东部地区企业研发投入金额和研发企业数量远远高于中西部地区，而西部地区研发企业所占比重明显高于中东部地区，中部地区企业的研发集中度明显高于东西部地区，三大地区的企业平均研发投入则差距不大，这体现了我国企业研发投入的区域差异性。

（2）我国技术密集型企业研发投入金额、研发企业数量、研发企业所占比重和企业平均研发投入金额均远远高于劳动密集型和资本密集型企业，而资本密集型企业的研发集中度则明显高于劳动密集型和技术密集型企业，这体现了我国企业研发投入的行业差异性。

（3）我国民营企业中研发投入金额和研发企业数量远远高于国有和外资企业，但是国有企业中研发企业所占比重、平均研发投入金额和研发集中度均明显高于民营和外资企业，这体现了我国不同所有制类型企业研发投入的差异性。

（4）我国大型企业研发投入金额、研发企业数量、研发企业所占比重、平均研发投入金额和研发集中度均远远高于中型和小型企业，这体现了我国企业研发投入在不同规模企业中的差异性。

（5）我国企业年龄 10 年以上的企业研发投入金额、研发企业数量、研发企业所占比重、平均研发投入金额和研发集中度均明显高于 5 年以下、5 ~ 10 年两组企业，这体现了我国企业研发投入在不同年龄企业中的差异性。

（6）我国非出口企业中的研发企业数量明显多于出口企业，但是出口企业的研发投入金额、研发企业所占比重、平均研发投入金额和研发集中度均明显高于非出口企业，这体现了我国企业研发投入在不同出口状态企业中的差异性。

三、中国政府资助有效促进了企业技术创新

传统经济学认为，市场经济机制在自发运行的过程中仅依赖自身力量的调节作用就可以使得社会中拥有的各种资源得到充分合理的利用，从而达到社会资源的有效配置状态，然而自由放任基础之上的市场经济机制因外部性、不完全竞争等原因并不一定能充分发挥作用以有效配置社会资源，导致“市场失灵”问题。

技术创新活动具有公共产品、外部性、不确定性及不完全信息等特征，表明企业技术创新也会存在“市场失灵”问题，从而为政府干预企业技术创新提供了理论依据。

本书分别在寡头垄断和垄断竞争条件下构建理论模型，分析了政府资助对企业技术创新的影响，理论模型推理结论均表明政府资助确实能促进企业技术创新，这为本书的实证分析提供了参考。实证分析表明我国政府资助确实能够纠正“市场失灵”问题，从而有效促进企业技术创新，且政府资助的促进效应在不同类型企业中呈现出明显的差异性：

（1）政府资助对本土企业技术创新的促进效应大于外资企业，原因可能在于中国本土企业面临更为严重的外部融资约束问题，而外资企业则可以从母公司中获得稳定外部融资，且外资企业大多是利用我国低成本劳动力进行产品加工制造的加工贸易企业，因此政府资助对中国本土企业的影响较大；进一步可以看出，在本土企业中，与国有企业相比，政府资助更能促进民营企业技术创新，原因可能在于国有企业自身的政府背景使得其可以较为容易地获得大量政府资助，但是国有企业具备的市场垄断地位又使得其技术创新积极性一般较低，这导致了政府资助在国有企业中利用效率较低；而民营企业则由于面临严峻的生存风险而研发积极性一般较高，加之民营企业自身资金薄弱、难以获得充足的外部融资，因此政府资助对我国民营企业研发投资的促进效应更高。

（2）政府资助对中小型企业技术创新的促进效应大于大型企业，原因可能在于大型企业作为市场的领导者一般资金充足、实力雄厚，因市场份额较大而具有较高的产品定价能力，从而可以获得较为丰厚的利润水平，而且更容易获得较多的外部商业信用，这使得其研发活动的开展具有较强的计划性和稳定性，受外界其他因素的影响较小，因而政府资助对大型企业技术创新的影响较小；而中小型企业大多为自身资金薄弱的民营企业，面临激烈的市场竞争只能获得微薄的利润水平，中国银行业存在的信贷歧视也使得其难以获得银行贷款，因而政府资助对中小型企业研发投资的促进效应更加明显。而且地方政府为了保持当地经济的快速增长和就业状况的稳定，在直接资助的同时往往还会通过政府采购、税收减免等其他优惠政策来扶持大型企业的发展，这进一步降低了大型企业研发投资对政府资助的依赖性。

（3）政府资助对资本和技术密集型企业技术创新的促进效应大于劳动密集型企业，原因可能在于资本和技术密集型企业的技术创新一般投入成本较高、研发风险较大，且一般需要较长时间才能获得研发收益，这些不利因素会抑制企业的研发积极性，而政府资助则可以有效降低这些不利因素的影响，因此资本和技术密集型企业的技术创新对政府资助依赖性较高；与此相反，劳动密集型企业技术创新则一般具有成本低、风险小及见效快等特点，因此企业对政府资助依赖性较低。一般认为，当劳动要素价格上升时，企业为降低生产成本会用高新技术代替劳动从而促进企业技术创新，尽管近年来我国劳动力工资水平一直上涨，使得劳动密集型企业的生产成本大幅上升，但是与发达国家相比我国劳动力要素仍然具有相当大的低成本优势，这也使得劳动密集型企业的研发积极性并没有受到太多影响，因此我国政府资助对劳动密集型企业技术创新的促进效应较小。

（4）政府资助对贸易企业技术创新的促进效应大于非贸易企业，原因可能在于企业在国际市场上出口既可以通过从竞争者和合作者中获得技术溢出，又因为面临较国内更激烈的市场竞争，企业为生存和占领市场而不得不加强研发，从而出口贸易的出口学习和竞争促进效应均能提升企业研发投资积极性，因而政府资助对贸易企业技术创新的促进效应较大。进一步可以看出，在贸易企业中，与加工贸易企业相比政府资助更能促进一般贸易企业技术创新，原因可能在于，与一般贸易型企业相比，加工贸易型企业大多依靠掌握国际市场销售渠道和品牌的国际大买家，以代工或贴牌的方式为国外企业加工劳动密集型、技术含量低的低端产品来获得利润，这样既无须构建自己的品牌和销售渠道，也无须很强的产品研发能力，从而显著降低了企业的技术创新积极性，因此政府资助对加工贸易型企业的技术创新促进效应较小。

四、政府资助促进效应存在门限特征

实证分析表明，我国政府资助确实有效促进了企业技术创新，但我国政府资助效果存在着明显的地区差异，这可能是由于我国各地区的经济发展水平、人力资本水平以及地方政府科技政策等宏观经济因素会影响政府资助效果，由此我们采用面板数据门限回归模型对影响我国政府资助效果的宏观经济因素作进一步深入分析。

本书将影响政府资助效果的宏观经济因素概括为政府研发资助强度、金融市场效率、人力资本水平和知识产权保护水平四个方面，以此构建门限变量，并分别考察各门限变量的门限值所划分的不同区间内政府研发资助效果的差异性。门限检验结果表明，政府研发资助强度和金融市场效率均存在两个门限值，而人力资本水平和知识产权保护水平均存在一个门限值。实证检验结果显示，政府研发资助效果随资助强度变化而呈现出一种倒 U 型特征，这表明存在一个最优政府研发资助强度，过多或过少的政府研发资助均不利于企业技术创新，而我国政府研发资助强度仍然偏低，政府有必要继续加大研发资助强度；政府研发资助效果随金融市场效率变化也呈现出一种倒 U 型特征，这表明金融发展能有效提升政府研发资助效果，同时发达的金融市场对政府研发资助有一定替代作用，可以减轻企业技术创新对政府研发资助的依赖性，而我国金融市场效率仍然较为低下，政府应加速金融发展以促进企业技术创新；政府研发资助效果随人力资本水平变化而变化，当人力资本水平较低时，这种促进作用较小，而当人力资本水平高于门限值后，这种促进作用会大幅度上升，这表明人力资本与政府研发资助是相互促进的，而我国人力资本水平仍然偏低，政府应继续加大教育投入来提升人力资本水平以促进我国企业技术创新；政府研发资助效果随知识产权保护水平变化而变化，当知识产权保护水平较低时，这种促进作用较小，而当知识产权保护水平高于门限值后，这种促进作用会大幅度上升，这表明知识产权保护与政府研发资助也是相互促进的，而我国知识产权保护水平仍然偏低，政府应加大知识产权保护力度来促进我国企业技术创新。

第二节 政策建议

一、提高政府科技资助力度，优化企业资助对象

我国国家财政科技支出尽管在总量上呈现出逐年稳步上升的趋势，且一直保持着较高的增长速度，但是从我国财政科技支出占财政总支出的比重来看，却呈现出缓慢下降的趋势。总体来说，20 多年来，我国财政科技支出占财政总支出的比重变化不大，因此为了促进我国企业技术创新，政府应该进一步提高国家财政科技支出总量，使得财政科技投入的增长速度高于财政收入的年增长速度，才能满足当前我国企业技术创新的需要。

政府研发机构、工业企业和高等学校作为我国技术创新体系中的主要创新主体，历年来均进行了大量 R&D 经费投入，从我国 R&D 经费投入的执行部门结构上看，三类创新主体所占 R&D 经费投入金额的比重存在显著差距。其中，工业企业尤其是大中型工业企业一直在我国技术创新体系中占据主导地位，所占 R&D 经费投入比重年平均值为 68.79%，远远高于政府研发结构和高等学校所占比重。我国政府历年来对这三类创新主体均进行了大量科技资助，从我国政府科技资助的选择对象来看，三类创新主体所占政府科技资助金额的比重存在显著差距，其中政府研发机构和高等学校是我国政府科技资助的主要选择对象，二者所占科技资助比重之和超过了 80%，而工业企业所获得科技资助比重与前二者相比所占比重差距巨大。从中可以看出，尽管企业已经成为我国技术创新的主体，投入了绝大多数的 R&D 经费，但所获政府科技资助的比重却远小于政府研发机

构和高等学校，因此政府应该加强支持企业技术创新，提升企业所获政府资助的比重。

不同类型企业的自身特征和条件存在显著差异，因而政府资助在不同类型企业中也呈现出明显的差异性，其中政府资助对本土企业尤其是民营企业技术创新的促进效应大于外资企业，政府资助对中小型企业技术创新的促进效应大于大型企业，政府资助对资本和技术密集型企业技术创新的促进效应大于劳动密集型企业，政府资助对贸易企业尤其是一般贸易企业技术创新的促进效应大于非贸易企业。我国民营和中小型企业数量众多，在我国经济增长和劳动力就业中发挥了非常重要的作用，但与国有企业和大型企业相比，民营和中小型企业大多资金薄弱和融资困难，因此政府应加强对民营和中小型企业的资助力度；我国经济增长速度尽管较高，但高附加值的资本和技术密集型行业所占比重仍然偏低，且这些行业投入成本高和研发风险大，因而政府应重点支持资本和技术密集型企业的技术创新；我国已经成为贸易大国，但距离贸易强国仍然相差甚远，贸易结构急需优化，而贸易能通过出口学习和竞争促进效应促进企业技术创新，因而政府应提升对贸易企业尤其是一般贸易企业的资助力度。同时，我国政府资助存在着极高的不平衡性，其中能够获得政府资助的企业仅占 13% 左右，且获得政府资助的企业中前 10% 的企业所占政府资助的比重高达 75% 以上，这表明我国政府资助高度集中于少部分企业，绝大部分的企业无法获得政府科技资助；政府资助存在一个最优政府研发资助强度，过多或过少的政府资助均不利于企业技术创新。因此，政府应该扩大企业资助范围，合理选择政府资助强度，充分发挥政府资助的促进效应。

二、加速金融市场发展，增强企业创新融资支持

金融市场对企业技术创新具有重要影响，不完善的金融市场使得企业技术创新活动难以筹集足够的外部资金，而金融发展能缓解企业融资约束，有利于新技术的采用，促进了知识和技术密集产业的发展（Blackburn 和 Hung，1998）；金融市场不仅给企业技术创新活动提供了资金支持，而且使得投资者和企业家共同承担了技术创新的风险，因而金融体系具备的这种风险分散功能有利于促进企业技术创新（King 和 Levine，1993）。

实证分析表明，我国金融市场发展能有效提升政府科技资助效果，同时发达的金融市场对政府科技资助有一定替代作用，可以减轻企业技术创新对政府科技资助的依赖性。统计表明，我国不同区域之间的金融市场效率存在显著差异，其中东部地区金融市场效率明显高于中西部地区。总体来看，我国这三大地区金融市场对企业技术创新的支持水平均呈现出缓慢下降的趋势，因此政府应加速金融

发展来促进企业技术创新。

也有一些学者认为，银行具有天然的风险谨慎性，对于高技术、高风险的创新活动具有内生性规避动机，从而不能有效地支持企业技术创新，而资本市场能够弥补商业银行不足，把金融资源配置到创新型企业，因而资本市场更有利于高风险的技术创新活动（Boot 和 Thakor，2000；Allen 和 Gale，2000）。目前，我国企业外部融资仍然以银行信贷为主，且我国银行信贷市场中存在明显的企业所有制歧视和规模歧视，即国有和大型企业获得了相对较多的信贷资金，而数量庞大的民营、中小型企业则难以从银行机构获得信贷支持，因而政府应在以市场化为原则营造公平融资环境的同时，进一步发展资本市场等其他融资渠道，加大对企业技术创新资金的支持。比如，我国于 2009 年成立的创业板股票交易市场就为中小企业和高科技产业企业提供了新的融资渠道，在创业板上市的企业大多成立时间较短和规模较小，但大多从事高科技业务，且具有较大的成长空间。创业板与主板市场相比，上市要求较为宽松，这可以较好地满足创新型企业外部融资的需求。

三、增加教育投入，提升人力资本水平

经济中的技术创新活动需要科技人员来具体实施，因而人力资本水平会影响技术创新效果。张宇（2008）研究发现，我国各省份不同的人力资本水平是导致 FDI 技术外溢效应存在明显差异性的重要影响因素。李梅和柳士昌（2012）认为，人力资本水平是我国 OFDI（对外直接投资）显著的逆向溢出效应仅发生在我国东部地区的原因。周经和刘厚俊（2011）检验了国际贸易对我国技术创新的影响后同样认为，我国各省份的人力资本水平对我国技术创新会产生门限效应。我国不同省份之间人力资本水平存在着明显的差异性，这势必会影响我国政府研发资助效果。实证分析表明，政府研发资助效果随着人力资本水平变化而变化，当人力资本水平较低时，这种促进作用较小，而当人力资本水平高于门限值后这种促进作用会大幅度上升，这表明人力资本与政府研发资助是相互促进的，而我国人力资本水平仍然偏低，政府应继续加大教育投入来提升人力资本水平以促进我国企业技术创新。

随着科教兴国战略的实施，我国高等教育事业发展迅速，全国高校招生数量从 1990 年的 60 万人增长到了 2012 年的 685 万人，在 20 多年间增长了 11.42 倍。从绝对数量上看，我国高等教育规模已经居于世界前列，但是我国高等教育毛入学率仍然明显低于西方发达国家，比如我国 2012 年高等教育毛入学率仅为 30%，而美国等西方发达国家高等教育毛入学率均在 50% 以上，因此我国政府应继续增加教育投入，发展高等教育事业。同时，我国高等教育中存在就业困难和人才

外流两个现实问题。首先，就业困难问题是指每年我国均有数以百万计的大学毕业生走向就业市场，其中有相当多的毕业生难以获得专业对口的就业岗位，从而造成了人力资源的浪费。因而政府应根据我国产业特征来发展高等教育，尽量避免高校毕业生结构性供需矛盾，同时加强高校实践教育以提高大学生工作能力。其次，人才外流问题是指当前我国有很多人员在国外接受高等教育后选择在国外就业，这对我国科技发展来说是一种严重的人才流失，因而政府应采取相应措施吸引海外留学人才回国促进我国企业技术创新。比如，我国于 2008 年开始实施的《海外高层次人才引进计划》（又称“千人计划”）吸引了相当数量的海外人才回国就业和创业。

四、建立健全法律制度，提升知识产权保护水平

Arrow（1962）认为，知识产品具有非竞争性和非排他性的公共物品属性，这会导致技术创新活动产生“市场失灵”现象，由此开启了学者们对知识产权保护的研究。Nordhaus（1969）从社会总福利的角度研究了专利的最优保护期限，认为延长专利保护期限有利于激励企业技术创新，但是会产生垄断低效率的负面效应。Horii 和 Iwaisako（2007）认为，过强的知识产权保护力度会导致市场垄断和竞争减少，而自由竞争比垄断更有利于促进创新，因而过强的知识产权保护力度反而不利于技术创新。政府资助和知识产权保护均是政府克服技术创新活动市场失灵的手段，我国不同地区之间知识产权保护水平存在着明显的差异性，这势必会影响我国政府资助效果。实证分析表明，政府资助效果随知识产权保护水平变化而变化，当知识产权保护水平较低时，这种促进作用较小，而当知识产权保护水平高于门限值后这种促进作用会大幅度上升，这表明知识产权保护与政府研发资助也是相互促进的，政府应加大知识产权保护力度来促进我国企业技术创新。为了提升知识产权保护水平，我国政府相继颁布了一些有关知识产权保护方面的法律，比如，1982 年颁布了《商标法》，1984 年颁布了《专利法》，1986 年颁布的《民法通则》中明文规定了对知识产权的保护，1990 年颁布了保护著作版权的《著作权法》，1991 年颁布了《计算机软件保护条例》，1993 年颁布的《反不正当竞争法》明文规定了保护商业秘密，1997 年颁布了《植物新品种保护条例》。尽管我国有关知识产权保护方面的法律众多，但我国目前山寨产品仍然盛行，知识产权侵权事件时有发生，其主要原因在于，我国政府出于地方保护等原因，对知识产权保护执法不严，企业被侵权后难以获得相应赔偿，从而实际知识产权保护水平并不高。因而，我国政府应在目前已经“有法可依”的条件下做到“执法必严、违法必究”，切实保护创新企业应有的收益，以促进企业技术创新。

参考文献

［1］安同良，周绍东，皮建才．R&D 补贴对中国企业自主创新的激励效应［J］．经济研究，2009（10）：87－98.

［2］白俊红．中国的政府 R&D 资助有效吗？来自大中型工业企业的经验证据［J］．经济学（季刊），2011，10（4）：7－14.

［3］陈林，朱卫平．出口退税和创新补贴政策效应研究［J］．经济研究，2008（11）：74－87.

［4］陈林，朱卫平．创新、市场结构与行政进入壁垒［J］．经济学（季刊），2011（1）：653－674.

［5］傅家骥．技术创新学［M］．北京：清华大学出版社，1998.

［6］高宏伟．政府补贴对大型国有企业研发的挤出效应研究［J］．中国科技论坛，2011（8）：15－20.

［7］高鸿业．西方经济学［M］．北京：中国人民大学出版社，2007.

［8］高艳慧，万迪昉，蔡地．政府研发补贴具有信号传递作用吗？——基于我国高技术产业面板数据的分析［J］．科学学与科学技术管理，2012，33（1）：5－11.

［9］郭晓丹，何文韬，肖兴志．战略性新兴产业的政府补贴，额外行为与研发活动变动［J］．宏观经济研究，2011（11）：63－69.

［10］韩剑，严兵．中国企业为什么缺乏创造性破坏——基于融资约束的解释［J］．南开管理评论，2013，16（4）：124－132.

［11］何洁．外国直接投资对中国工业部门外溢效应的进一步精确量化［J］．世界经济，2000，23（12）：29－36.

［12］胡凯，吴清，胡毓敏．知识产权保护的技术创新效应——基于技术交易市场视角和省级面板数据的实证分析［J］．财经研究，2012，38（8）：15－25.

［13］江静．公共政策对企业创新支持的绩效——基于直接补贴与税收优惠的比较分析［J］．科研管理，2011，32（4）：1－8.

[14] 姜宁，黄万．政府补贴对企业 R&D 投入的影响——基于我国高技术产业的实证研究［J］．科学学与科学技术管理，2010，31（7）：28－33.

[15] 康志勇．出口贸易与自主创新——基于我国制造业企业的实证研究［J］．国际贸易问题，2011（2）：35－45.

[16] 康志勇．融资约束，政府支持与中国本土企业研发投入［J］．南开管理评论，2013，16（5）：61－70.

[17] 李春顶．中国出口企业是否存在“生产率悖论”——基于中国制造业企业数据的检验［J］．世界经济，2010（7）：64－81.

[18] 李玲，陶厚永．纵容之手，引导之手与企业自主创新——基于股权陛质分组的经验证据［J］．南开管理评论，2013，16（3）：69－79.

[19] 李梅，柳士昌．对外直接投资逆向技术溢出的地区差异和门槛效应——基于中国省际面板数据的门槛回归分析［J］．管理世界，2012（1）：21－32.

[20] 李平．技术扩散中的溢出效应分析［J］．南开学报（哲学社会科学版），1999（2）：29－34.

[21] 李平，王春晖．最优政府研发资助规模及资助企业选择——基于中国行业异质性的门槛回归分析［J］．产业经济评论，2010，9（3）：37－53.

[22] 李瑞茜，白俊红．政府 R&D 资助对企业技术创新的影响——基于门槛回归的实证研究［J］．中国经济问题，2013（3）：11－23.

[23] 李宇．产业成长阶段视角的企业规模与技术创新关系争议解析——中美制造业的比较［J］．经济管理，2010（2）：30－37.

[24] 李正卫，池仁勇．技术引进和出口贸易对自主研发的影响——浙江高技术产业的实证研究［J］．科学学研究，2010，28（10）：1495－1501.

[25] 林承亮，许为民．技术外部性下创新补贴最优方式研究［J］．科学学研究，2012，30（5）：766－772.

[26] 聂辉华，江艇，杨汝岱．中国工业企业数据库的使用现状和潜在问题［J］．世界经济，2012（5）：142－158.

[27] 聂辉华，谭松涛，王宇峰．创新、企业规模和市场竞争［J］．世界经济，2008（8）：57－66.

[28] 彭征波．企业规模、市场结构与创新——来自不同行业的经验证据［J］．中南财经政法大学学报，2007（2）：106－111.

[29] 齐俊妍，王永进，施炳展等．金融发展与出口技术复杂度［J］．世界经济，2011（7）：91－118.

[30] 任曙明，吕镯．融资约束，政府补贴与全要素生产率——来自中国装

备制造企业的实证研究［J］．管理世界，2014（11）：10－23.

［31］邵敏，包群．政府补贴与企业生产率——基于我国工业企业的经验分析［J］．中国工业经济，2012（7）：70－82.

［32］生延超．创新投入补贴还是创新产品补贴：技术联盟的政府策略选择［J］．中国管理科学，2008，16（6）：184－192.

［33］唐宜红，王明荣．FDI、出口相似度与我国出口商品结构优化［J］．国际经贸探索，2010（4）：34－41.

［34］王宇，刘志彪．补贴方式与均衡发展：战略性新兴产业成长与传统产业调整［J］．中国工业经济，2013（8）：57－69.

［35］巫强．技术性贸易措施下出口企业被动创新效应［J］．经济理论与经济管理，2007（10）：70－75.

［36］吴延兵．R&D 存量，知识函数与生产效率［J］．经济学（季刊），2006，5（4）：1129－1156.

［37］肖兴志，王伊攀．不同补贴方式对战略性新兴产业竞争格局的影响［J］．产业经济评论，2013（4）：1－15.

［38］谢千里，罗斯基，张轶凡．中国工业生产率的增长与收敛［J］．经济学（季刊），2008，7（3）：809－826.

［39］解维敏，方红星．金融发展，融资约束与企业研发投入［J］．金融研究，2011（5）：171－183.

［40］许治，师萍．政府科技投入对企业 R&D 支出影响的实证分析［J］．研究与发展管理，2005，17（3）：22－26.

［41］姚洋，章奇．中国工业企业技术效率分析［J］．经济研究，2001（10）：13－19.

［42］余利丰，邓柏盛，王菲．金融发展与中国生产率增长——随机前沿分析的视角［J］．管理科学，2011，24（4）：105－112.

［43］约瑟夫·熊彼特．经济发展理论［M］．北京：商务印书馆，1990.

［44］张海洋．中国工业部门 R&D 吸收能力与外资技术扩散［J］．管理世界，2005（6）：82－88.

［45］张杰，芦哲．知识产权保护、研发投入与企业利润［J］．中国人民大学学报，2012（5）：88－98.

［46］张宇．FDI 技术外溢的地区差异与吸收能力的门限特征——基于中国省际面板数据的门限回归分析［J］．数量经济技术经济研究，2008，25（1）：28－39.

［47］赵伟，韩媛媛，赵金亮．异质性、出口与中国企业技术创新［J］．经

济理论与经济管理，2012（4）：5－15.

[48] 周经，刘厚俊．国际贸易、知识产权与我国技术创新——基于1998～2009年省际面板数据的实证研究［J］．世界经济研究，2011（11）：58－62.

[49] 周黎安，罗凯．企业规模与创新：来自中国省级水平的经验证据[J]．经济学（季刊），2005，4（3）：623－638.

[50] 朱恒鹏．企业规模、市场力量与民营企业创新行为［J］．世界经济，2007，29（12）：41－52.

[51] 朱平芳，徐伟民．政府的科技激励政策对大中型工业企业R&D投入及其专利产出的影响——上海市的实证研究［J］．经济研究，2003（6）：45－53.

[52] Aitken B. J., Harrison A. E. Do domestic firms benefit from direct foreign investment? Evidence from Venezuela [J]. American Economic Review, 1999, 89 (3): 605－618.

[53] Allen F., Gale D. Comparing financial systems [M]. MIT press, 2000.

[54] Allred B. B., Park W. G. Patent rights and innovative activity: Evidence from national and firm－level data [J]. Journal of International Business Studies, 2007, 38 (6): 878－900.

[55] Arellano M., Bond S. Some tests of specification for panel data: Monte Carlo evidence and an application to employment equations [J]. The Review of Economic Studies, 1991, 58 (2): 277－297.

[56] Arellano M., Bover O. Another look at the instrumental variable estimation of error－components models [J]. Journal of Econometrics, 1995, 68 (1): 29－51.

[57] Arrow K. J. The economic implications of learning by doing [J]. The Review of Economic Studies, 1962, 29 (3): 155－173.

[58] Asker J., Baccara M. Subsidies, entry and the distribution of R&D investment [J]. International Journal of Industrial Organization, 2010, 28 (3): 254－270.

[59] Beck T., Levine R. Industry growth and capital allocation: Does having a market－or bank－based system matter? [J]. Journal of Financial Economics, 2002, 64 (2): 147－180.

[60] Bérubé C., Mohnen P. Are firms that receive R&D subsidies more innovative? [J]. Canadian Journal of Economics/Revue canadienne d'économique, 2009, 42 (1): 206－225.

[61] Blackburn K., Hung V. T. Y. A theory of growth, financial development

and trade [J]. Economica, 1998, 65 (257): 107-124.

[62] Blundell R., Bond S. Initial conditions and moment restrictions in dynamic panel data models [J]. Journal of Econometrics, 1998, 87 (1): 115-143.

[63] Blundell R., Griffith R., Van Reenen J. Dynamic count data models of technological innovation [J]. The Economic Journal, 1995, 105 (429): 333-344.

[64] Boot A. W. A., Thakor A. V. Can relationship banking survive competition? [J]. The Journal of Finance, 2000, 55 (2): 679-713.

[65] Bound J., Cummins C., Griliches Z., et al. Who does R&D and who patents? [M] //R&D, patents, and productivity. University of Chicago Press, 1984.

[66] Branstetter L. G., Fisman R., Foley C. F. Do stronger intellectual property rights increase international technology transfer? empirical evidence from US firm-Level panel data [J]. The Quarterly Journal of Economics, 2006, 121 (1): 321-349.

[67] Caves R. E. International corporations: The industrial economics of foreign investment [J]. Economica, 1971, 38 (149): 1-27.

[68] Caves R. E. Multinational enterprise and economic analysis [M]. Cambridge: Cambridge University Press, 1996.

[69] Caves R. E. Multinational firms, competition, and productivity in host-country markets [J]. Economica, 1974, 41 (162): 176-193.

[70] Clausen T. H. Do subsidies have positive impacts on R&D and innovation activities at the firm level? [J]. Structural Change and Economic Dynamics, 2009, 20 (4): 239-253.

[71] Coe D. T., Helpman E. International R&D spillovers [J]. European Economic Review, 1995, 39 (5): 859-887.

[72] Cohen W. M., Levinthal D. A. Innovation and learning: The two faces of R&D [J]. The Economic Journal, 1989, 99 (397): 569-596.

[73] Czarnitzki D. Research and development in small and medium-sized enterprises: The role of financial constraints and public funding [J]. Scottish Journal of Political Economy, 2006, 53 (3): 335-357.

[74] Czarnitzki D., Toole A. A. Business R&D and the interplay of R&D subsidies and product market uncertainty [J]. Review of Industrial Organization, 2007, 31 (3): 169-181.

[75] D'Aspremont C., Jacquemin A. Cooperative and noncooperative R&D in duopoly with spillovers [J]. The American Economic Review, 1988, 78 (5): 1133-1137.

[76] David P. A., Hall B. H., Toole A. A. Is public R&D a complement or substitute for private R&D? A review of the econometric evidence [J]. Research Policy, 2000, 29 (4): 497-529.

[77] Davis L. E., North D. C., Smorodin C. Institutional change and American economic growth [M]. Cambridge: Cambridge University Press, 1971.

[78] Domar E. D. Capital expansion, rate of growth, and employment [J]. Econometrica, Journal of the Econometric Society, 1946, 14 (2): 137-147.

[79] Ebling G., Janz N. Export and innovation activities in the German service sector: Empirical evidence at the firm level [R]. ZEW Discussion Papers, 1999.

[80] Enos J. L. Invention and innovation in the petroleum refining industry [M] //The rate and direction of inventive activity: Economic and social factors. Princeton University Press, 1962.

[81] Fazzari S., Hubbard R. G., Petersen B. C. Financing constraints and corporate investment [R]. NBER Working Paper, 1988, No. 2387.

[82] Feder G. On exports and economic growth [J]. Journal of Development Economics, 1983, 12 (1): 59-73.

[83] Finger J. M., Kreinin M. E. A measure of export similarity and its possible uses [J]. The Economic Journal, 1979, 89 (356): 905-912.

[84] Freeman C. Technology policy and economic performance [M]. Great Britain: Pinter Publishers, 1989.

[85] Freeman C. The economics of industrial innovation [M]. The MIT Press, 1982.

[86] Gerschenkron A. Economic backwardness in historical perspective: A book of essays [M]. Harvard University Press, 1962.

[87] Gershenberg I. The training and spread of managerial know-how, a comparative analysis of multinational and other firms in Kenya [J]. World Development, 1987, 15 (7): 931-939.

[88] Girma S., Greenaway D., Wakelin K. Who benefits from foreign direct investment in the UK? [J]. Scottish Journal of Political Economy, 2001, 48 (2): 119-133.

[89] Globerman S. Foreign direct investment and spillover efficiency benefits in Canadian manufacturing industries [J]. Canadian Journal of Economics, 1979, 12 (1): 42-56.

[90] Glynn M. A. Innovative genius: A framework for relating individual and or-

ganizational intelligences to innovation [J]. Academy of management review, 1996, 21 (4): 1081 -1111.

[91] Goolsbee A. Does government R&D policy mainly benefit scientists and engineers? [R]. NBER Working Paper, 1998, No. 6532.

[92] Görg H., Strobl E. The effect of R&D subsidies on private R&D [J]. Economica, 2007, 74 (294): 215 -234.

[93] Gorodnichenko Y., Svejnar J., Terrell K. Globalization and innovation in emerging markets [R]. NBER Working Paper, 2008, No. 14481.

[94] Griliches Z. Issues in assessing the contribution of research and development to productivity growth [J]. The Bell Journal of Economics, 1979, 10 (1): 92 -116.

[95] Griliches Z. R&D and the productivity slowdown [J]. The American Economic Review, 1980, 70 (2): 343 -348.

[96] Grossman G. M., Helpman E. Trade, knowledge spillovers, and growth [J]. European Economic Review, 1991, 35 (2): 517 -526.

[97] Guellec D., Van Pottelsberghe de la Potterie B. Does government support stimulate private R&D? [J]. OECD Economic Studies, 1997 (29): 95 -122.

[98] Haddad M., Harrison A. Are there positive spillovers from direct foreign investment? Evidence from panel data for Morocco [J]. Journal of Development Economics, 1993, 42 (1): 51 -74.

[99] Hansen B. E. Threshold effects in non - dynamic panels: Estimation, testing, and inference [J]. Journal of Econometrics, 1999, 93 (2): 345 -368.

[100] Harrod R. F. An essay in dynamic theory [J]. The Economic Journal, 1939, 49 (193): 14 -33.

[101] Heckman J. J., Ichimura H., Todd P. E. Matching as an econometric evaluation estimator: Evidence from evaluating a job training programme [J]. The Review of Economic Studies, 1997, 64 (4): 605 -654.

[102] Heckman J. J. Sample selection bias as a specification error [J]. Econometrica: Journal of the Econometric Society, 1979, 47 (1): 153 -161.

[103] Helpman E. Innovation, imitation, and intellectual property rights [R]. Econometrica, 1993, 61 (6): 1247 -1280.

[104] Horii R., Iwaisako T. Economic growth with imperfect protection of intellectual property rights [J]. Journal of Economics, 2007, 90 (1): 45 -85.

[105] Horowitz I. Firm size and research activity [J]. Southern Economic

Journal, 1962, 28 (3): 298 - 301.

[106] Jones C. I. , Williams J. C. Measuring the social return to R&D [J] . Quarterly Journal of Economics, 1998, 113 (4): 1119 - 1135.

[107] Kamien M. I. , Schwartz N. L. Market structure and innovation [M] . Cambridge: Cambridge University Press, 1982.

[108] Kanwar S. , Evenson R. Does intellectual property protection spur technological change? [J] . Oxford Economic Papers, 2003, 55 (2): 235 - 264.

[109] Kathuria V. Technology transfer and spillovers for Indian manufacturing firms [J] . Development Policy Review, 1998, 16 (1): 73 - 91.

[110] Kelly T. M. The influence of firm size and market structure on the research efforts of large multiple - product firms [D] . Oklahoma State University, 1970.

[111] King R. G. , Levine R. Finance, entrepreneurship and growth [J] . Journal of Monetary Economics, 1993, 32 (3): 513 - 542.

[112] Kleer R. Government R&D subsidies as a signal for private investors [J]. Research Policy, 2010, 39 (10): 1361 - 1374.

[113] Kokko A. Technology, market characteristics, and spillovers [J] . Journal of Development Economics, 1994, 43 (2): 279 - 293.

[114] Kraft K. Market structure, firm characteristics and innovative activity [J]. The Journal of Industrial Economics, 1989, 37 (3): 329 - 336.

[115] Krugman P. R. Development, geography, and economic theory [M] . MIT press, 1997.

[116] Lach S. Do R&D subsidies stimulate or displace private R&D? Evidence from Israel [J] . The Journal of Industrial Economics, 2002, 50 (4): 369 - 390.

[117] Levine R. Financial development and economic growth: Views and agenda [J] . Journal of Economic Literature, 1997, 35 (2): 688 - 726.

[118] Levy D. M. , Terleckyj N. E. Effects of government R&D on private R&D investment and productivity: A macroeconomic analysis [J] . The Bell Journal of Economics, 1983, 14 (2): 551 - 561.

[119] Licht G. , Zoz K. Patents and R&D an econometric investigation using applications for German, European and US patents by German companies [J] . Annales d'Economie et de Statistique, 1998 (49 - 50): 329 - 360.

[120] Lichtenberg F. R. The relationship between federal contract R&D and company R&D [J] . The American Economic Review, 1984, 74 (2): 73 - 78.

[121] Link A. N. An analysis of the composition of R&D spending [J] . South-

ern Economic Journal, 1982, 49 (2): 342 -349.

[122] Lucas R. E. On the mechanics of economic development [J]. Journal of Monetary Economics, 1988, 22 (1): 3 -42.

[123] MacDougall G. D. A. The benefits and costs of private investment from abroad: A theoretical approach [J]. Bulletin of the Oxford University Institute of Economics & Statistics, 1960, 22 (3): 189 -211.

[124] Macey J. R., Miller G. P. Universal banks are not the answer to America's corporate governance "problem": A look at Germany, Japan, and the US [J]. Journal of Applied Corporate Finance, 1997, 9 (4): 57 -73.

[125] Mamuneas T. P., Nadiri M. I. Public R&D policies and cost behavior of the US manufacturing industries [J]. Journal of Public Economics, 1996, 63 (1): 57 -81.

[126] Mansfield E. How rapidly does new industrial technology leak out? [J]. The Journal of Industrial Economics, 1985, 34 (2): 217 -223.

[127] Mansfield E., Rapoport J., Romeo A., et al. Social and private rates of return from industrial innovations [J]. The Quarterly Journal of Economics, 1977, 91 (2): 221 -240.

[128] Mansfield E. Size of firm, market structure, and innovation [J]. The Journal of Political Economy, 1963, 71 (6): 556 -576.

[129] Mansfield E., Switzer L. Effects of federal support on company -financed R&D: The case of energy [J]. Management Science, 1984, 30 (5): 562 -571.

[130] Mansfield E. Technical change and the rate of imitation [J]. Econometrica: Journal of the Econometric Society, 1961, 29 (4): 741 -766.

[131] Martin S. R&D joint ventures and tacit product market collusion [J]. European Journal of Political Economy, 1996, 11 (4): 733 -741.

[132] Mukoyama T. Innovation, imitation, and growth with cumulative technology [J]. Journal of Monetary Economics, 2003, 50 (2): 361 -380.

[133] Nelson R. R. National innovation systems: A comparative analysis [M]. Oxford University Press, 1993.

[134] Nordhaus W. D. Invention, growth, and welfare: A theoretical treatment of technological change [M]. Cambridge, MA: MIT press, 1969.

[135] Pakes A., Schankerman M. The rate of obsolescence of patents, research gestation lags, and the private rate of return to research resources [M] //R&D, patents, and productivity. University of Chicago Press, 1984.

[136] Phillips A. Patents, potential competition, and technical progress [J]. The American Economic Review, 1966, 56 (1-2): 301-310.

[137] Rajan R. G. Insiders and outsiders: The choice between informed and arm's-length debt [J]. The Journal of Finance, 1992, 47 (4): 1367-1400.

[138] Rajan R. G., Zingales L. Financial Dependence and Growth [J]. American Economic Review, 1998, 88 (3): 559-586.

[139] Romer P. M. Endogenous technological change [J]. Journal of Political Economy, 1990, 98 (5): 71-102.

[140] Rosenbaum P. R, Rubin D. B. Constructing a control group using multivariate matched sampling methods that incorporate the propensity score [J]. The American Statistician, 1985, 39 (1): 33-38.

[141] Rosenberg J. B. Research and market share: A reappraisal of the Schumpeter hypothesis [J]. The Journal of Industrial Economics, 1976, 25 (2): 101-112.

[142] Rosenberg N. Perspectives on technology [M]. Cambridge: Cambridge University Press, 1976.

[143] Samuelson P. A. The pure theory of public expenditure [J]. The Review of Economics and Statistics, 1954, 36 (4): 387-389.

[144] Scherer F. M. Firm size, market structure, opportunity, and the output of patented inventions [J]. The American Economic Review, 1965, 55 (5): 1097-1125.

[145] Scherer F. M. Market structure and the employment of scientists and engineers [J]. The American Economic Review, 1967, 57 (3): 524-531.

[146] Schneider P. H. International trade, economic growth and intellectual property rights: A panel data study of developed and developing countries [J]. Journal of Development Economics, 2005, 78 (2): 529-547.

[147] Segerstrom P. S. Innovation, imitation, and economic growth [J]. Journal of Political Economy, 1991, 99 (4): 807-827.

[148] Shrieves R. E. Market structure and innovation: A new perspective [J]. The Journal of Industrial Economics, 1978, 26 (4): 329-347.

[149] Smith J. A., Todd P. E. Does matching overcome LaLonde's critique of nonexperimental estimators? [J]. Journal of Econometrics, 2005, 125 (1): 305-353.

[150] Solo C. S. Innovation in the capitalist process: A critique of the Schumpete-

rian theory [J] . The Quarterly Journal of Economics, 1951, 65 (3): 417 -428.

[151] Solow R. M. A contribution to the theory of economic growth [J] . The Quarterly Journal of Economics, 1956, 70 (1): 65 -94.

[152] Solow R. M. Technical change and the aggregate production function [J]. The Review of Economics and Statistics, 1957, 39 (3): 312 -320.

[153] Swan T. W. Economic growth and capital accumulation [J] . Economic Record, 1956, 32 (2): 334 -361.

[154] Taylor C. T, Silberston Z. A. The economic impact of the patent system [M] . Cambridge: Cambridge University Press, 1973.

[155] Uzawa H. Optimum technical change in an aggregative model of economic growth [J] . International Economic Review, 1965, 6 (1): 18 -31.

[156] Villard H. H. Competition, oligopoly, and research [J] . The Journal of Political Economy, 1958, 66 (6): 483 -497.

[157] Wang J. Y. , Blomström M. Foreign investment and technology transfer: A simple model [J] . European economic Review, 1992, 36 (1): 137 -155.

[158] Yager L. , Schmidt R. The advanced technology program: A case study in federal technology policy [M] . AEI Press, publisher for the American Enterprise Institute, 1997.